essentials

Richard Vahrenkamp

Luftfracht in globalen Netzwerken

 Springer Gabler

Richard Vahrenkamp
Logistik Consulting
Berlin, Deutschland

ISSN 2197-6708   ISSN 2197-6716   (electronic)
essentials
ISBN 978-3-658-51355-9   ISBN 978-3-658-51356-6   (eBook)
https://doi.org/10.1007/978-3-658-51356-6

Die Deutsche Nationalbibliothek verzeichnet diese Publikation in der Deutschen Nationalbibliografie; detaillierte bibliografische Daten sind im Internet über https://portal.dnb.de abrufbar.

Springer Gabler ist ein Imprint der eingetragenen Gesellschaft Springer Fachmedien Wiesbaden GmbH und ist ein Teil von Springer Nature.
Die Anschrift der Gesellschaft ist: Abraham-Lincoln-Str. 46, 65189 Wiesbaden, Germany

Wenn Sie dieses Produkt entsorgen, geben Sie das Papier bitte zum Recycling.

Vorwort

Ich danke dem Verlag Springer Gabler für die Gelegenheit, die Themen meiner zahlreichen Veröffentlichungen zum Thema Luftfracht in der Reihe Essentials in konzentrierter Form darzubieten. In den vergangenen 15 Jahren erlebten wir den Aufstieg von Asien in der Weltwirtschaft, der sich auch im Wandel der Luftfracht widerspiegelt. Weitere neue Themen sind die Umweltproblematik der Luftfracht, der Aufstieg von Dubai im Luftverkehr und die Rolle der Luftfracht, welche sie in der Covid-Krise 2020 bis 2022 gespielt hatte, als mit ihrer Hilfe Milliarden Dosen von Impfstoff weltweit verteilt wurden.

Berlin, Deutschland   Richard Vahrenkamp

Was Sie in diesem *essential* finden können

- Wie die Luftfracht eine Kontinente überspannende Arbeitsteilung ermöglicht, die als Globalisierung bezeichnet wird
- Wie sich die Segmente der Luftfracht hinsichtlich Preis, Schnelligkeit und Standardisierung unterscheiden
- Welche Rolle die Luftfrachtspediteure beim General Cargo spielen und wie die Expressfracht Pakete schnell liefert, dafür aber auch Premiumpreise erhebt
- Wie hoch die Subventionen der Airlines in Deutschland infolge der Mehrwertsteuerbefreiung sind
- Wie die Airlines der Klima-Problematik des CO_2-Ausstoßes der Flugzeuge begegnen

Interessenkonflikt Der/die Autor*in hat keine relevanten Interessenskonflikte im Zusammenhang mit dieser Publikation.

Inhaltsverzeichnis

Einleitung

1

Der Luftverkehr mit seinen Frachträumen in den Passagiermaschinen und mit eigentlichen Frachtmaschinen unterstützt die internationale Arbeitsteilung beim Transport leichter oder wertvoller Waren zwischen den verschiedenen Erdteilen, während schwere und weniger wertvolle Waren sowie große Volumina weiterhin per Schiff und per Eisenbahn transportiert werden. Mit dem Beitritt Chinas zur Welthandelsorganisation im Jahr 2001 verlagerte die Konsumgüterindustrie ihre Fertigungsstandorte zunehmend nach Asien.

Luftverkehr ist Treiber und Ausdruck der Globalisierung zugleich. Die Globalisierung der Märkte ist ein ausschlaggebender Faktor für die hohe Bedeutung der Luftfracht in den Logistikkonzepten international tätiger Unternehmen. Vor allem bei der Fertigstellung von Endprodukten sind heute oft große Distanzen zu überbrücken, bei denen unterschiedliche Anforderungen an die eingesetzten Transportmittel, abhängig von der Dringlichkeit und Hochwertigkeit des jeweiligen Gutes, bestehen.

Typisch für Luftfracht sind Sendungen, die aus frischen Lebensmitteln bestehen (Fisch, Gemüse, Beeren), aus Schnittblumen, aus Luxusgütern des Konsums und aus leichten Zwischenprodukten der langen Produktionsketten, wie Microchips, die z. B. von der Firma Nexperia in Europa auf Wafer geätzt und in Asien zu fertigen Einheiten montiert werden. Nexperia gibt das unvorstellbar große Produktionsvolumen von 100 Mrd. Microchips pro Jahr an.[1]

Zusätzlich führte der durch die Deregulierung des Luftverkehrs herbeigeführte verstärkte Wettbewerb zum Sinken der Luftfrachtpreise, wodurch das Wachstum

---

[1] Helmut Martin-Jung und Stephan Radomsky: Wenn diese Chips fehlen, steht die Welt still, Süddeutsche Zeitung vom 14. November 2025.

des Luftfrachtmarktes einen starken Impuls erhielt. Die IATA-Frachtrate für eine Sendung unter 45 kg von Frankfurt/Main nach New York fiel von 15,01 DM/kg (entsprechend 7,7 €/kg) im Jahre 1985 auf 5,91 DM/kg (entsprechend 3,03 €/kg) im Jahre 1999 (Bundesministerium 2000, S. 257). Zwischen 2007 und 2011 pendelte die Frachtrate zwischen 1,6 $ bis 2,2 $ pro Kilogramm. Im Jahre 2019 erreichte sie 0,8 $ (WATS 2020, S. 18).

Aus der Sicht der verladenden Unternehmen bestehen die Vorteile der Luftfracht gegenüber anderen Verkehrsträgern in (Schäfer 2019, S. 44):

- den kurzen Transportzeiten,
- der großen Pünktlichkeit von Luftfrachtsendungen und
- den niedrigen Kosten für die Transportverpackung aufgrund der geringen Transportbeanspruchung und der schonenden Transportdurchführung im Vergleich zu einer Verpackung für den Seetransport.
- den aufgrund der geringen Transportrisiken relativ niedrigen Versicherungsprämien und
- den geringen Kapitalbindungskosten aufgrund der kurzen Transportzeiten im Vergleich zum Seetransport und
- der Möglichkeit der kurzfristigen Beschaffung von Gütern aufgrund der schnellen Luftfracht-Transporte.

Im Folgenden sollen verschiedene Aspekte der Luftfracht, wie die General Cargo und die Expressfracht, behandelt. Erscheint zunächst die Luftfracht als ein idealer Raum für die Expansion des fossilen Kapitalismus, so soll aufgezeigt werden, dass der unbeschränkt erscheinende Möglichkeitsraum der Luftfracht eine Schranke findet an dem ungelösten Problem des CO_2-Ausstoßes.

Fast Moving Consumer Goods: Inditex und Consumer Electronic

2

In der Regel müssen Luftfrachtkunden schnell auf Änderungen des Absatzmarktes reagieren. Sowohl im Modebereich der Fast Fashion als auch bei High-Tech-Produkten aus dem Kommunikations- und IT-Bereich verkürzen sich die Produktlebenszyklen enorm. Da eine schnelle Marktdurchdringung einen wesentlichen Teil des Markterfolgs dieser Produkte ausmacht, spielen kurze Transportzeiten eine zunehmend größere Rolle für ihren wirtschaftlichen Erfolg. Das gilt insbesondere für Bekleidungsartikel mit kurzen Produktlebenszyklen. Dieses soll hier am Beispiel des Modeartikel-Herstellers Inditex und der Hersteller von Consumer Electronic dargestellt werden (Vahrenkamp 2014).

Die Produktgruppe der „fast moving consumer goods" ist sehr geeignet für die Luftfracht. Der Spanische Konzern Inditex, der mit 38,8 Mrd. € Umsatz im Jahre 2024 weltweit 5000 Textilläden betreibt und die bekannte Modekette Zara steuert, ist hierfür ein Beispiel. Inditex gilt als stark vertikal integriert und kann so mit eigenen Produktionsstätten rasch auf neue Modetrends reagieren. Aber ca. 40 % seiner Produkte kauft Inditex bei Lieferanten in Europa, Asien und Afrika. Inditex lässt seine Ware von der Airline Emirates in das Distributionslager Zaragossa fliegen, wo Emirates knapp 50 % des Luftfrachtaufkommens bestreitet.[1]

Der Computerhersteller Apple lässt seine Produkte in China herstellen und in die USA fliegen. Unwürdige Arbeitsbedingungen beim Auftragsfertiger Foxconn haben in den USA bereits in der Obama-Administration eine breite Diskussion um

---

[1] Pressemitteilung der spanischen Flughafenverwaltung Aena vom 8. April 2010, unter http://www.interempresas.net/Warehouses/Articles.

© Der/die Autor(en), exklusiv lizenziert an Springer Fachmedien Wiesbaden GmbH, ein Teil von Springer Nature 2026
R. Vahrenkamp, *Luftfracht in globalen Netzwerken*, essentials,
https://doi.org/10.1007/978-3-658-51356-6_2

die Rückverlagerung von Arbeitsschritten aus Asien in die USA ausgelöst.[2] Umweltschützer werfen Apple vor, mit Zulieferern zusammenzuarbeiten, die nachweisbar gegen Umweltauflagen verstießen und erheben den Vorwurf der Ausbeutung.[3] Die Endproduktion in Asien ist auch aus Gesichtspunkten des Klimaschutzes problematisch. Ein 600 g schweres iPad erzeugt auf dem 11.200 km langen Flug von Hong Kong nach Los Angeles einen CO_2-Fußabdruck von 3,6 kg, den Apple ebenfalls bei einer Fertigung in den USA einsparen könnte. (vergl. Kap. 9). Auch andere Computer-Hersteller lassen in Asien für den Export nach Europa und USA fertigen. So verließen nach Angaben der Zeitschrift Beschaffung aktuell im Jahre 2010 jeden Tag vier Boeing 747-Frachter den Flughafen Schanghai gefüllt mit Laptops der Firma Hewlett and Packard.[4] Da bei der Beschaffung von Consumer Electronic Europa und USA einseitig von China abhängig wurden, erfolgte seit 2024 eine Umorientierung auf Indien und Vietnam als neue Bezugsquellen aus „geopolitischen Erwägungen" heraus, wie die Economic Times of India am 14. Juni 2025 feststellte (Brett 2025a, b). Die Exporte von Indien bei Smartphones stiegen von 500 t pro Monat im Jahre 2024 auf 2000 t pro Monat im Jahre 2025, während die Exporte von Smartphones aus China von 6000 t im November 2024 auf 2000 t im März 2025 fielen. Gleichfalls stieg das Volumen von Laptops, die Vietnam in die USA exportierte, von 2500 t pro Monat im Jahre 2024 auf 4000 t pro Monat im Jahre 2025. Dieser Anstieg erfordere mehr als einen Flug eines Wide-Body-Frachters pro Tag zusätzlich, siehe Tab. 5.2.

---

[2] New York Times 21., 25. und 26. Januar 2012, The Economist 21. Januar 2011 und 7. April 2011.

[3] Financial Times Deutschland 1. September 2011 und 27. Januar 2012.

[4] Beschaffung aktuell, Heft 10, 2010, S. 52 f.

Akteure der Luftfracht 3

Der Luftverkehr, mit dem Fracht und Passagiere weltweit transportiert werden, spielt sich in einem globalen Netzwerk für Lufttransporte ab, das sich aus zahlreichen Elementen zusammensetzt (vergl. Pompl 2013; Schäfer 2019). Im nationalen Recht spielt das Luftverkehrsgesetz eine Rolle und die zugehörigen Verordnungen, wie die Luftverkehrsordnung. Auf der EU-Ebene ist die Verordnung EBG 2408/92 von Bedeutung, die den EU-Fluggesellschaften im innereuropäischen Verkehr den Zugang ermöglicht und so in der EU einen einheitlichen Markt für Luftverkehr schafft. Mit der European Civil Aviation Conference (ECAC) wurde eine Organisation gegründet, welche den Zivilflugverkehr in Europa koordiniert. Innerhalb der EU wird mit der Organisation Eurocontrol die Luftfahrt gesichert. Im internationalen Bereich spielen die Abkommen von Chicago und Warschau eine Rolle zur Organisation der zivilen Luftfahrt. Mit der International Civil Aviation Organisation (ICAO) wurde eine Organisation geschaffen, welche die internationale zivile Luftfahrt koordiniert. Die International Air Transport Association (IATA) ist eine Dachorganisation der Fluggesellschaften, die Linienverkehre durchführen. Die internationalen Verkehrsflughäfen werden von der Airport Council International (ACI) vertreten. Ihr Pendant findet sie in Deutschland in der Arbeitsgemeinschaft Deutscher Verkehrsflughäfen (ADV). Die genannten Organisationen sind auch wichtige Herausgeber von statistischem Material. Die Flugverkehre aus Deutschland nach Zielen außerhalb der EU werden in bilateralen, zwischenstaatlichen Verträgen geregelt, welche u. a. auch eine Höchstzahl von Flügen festlegen. In diesen Verträgen wird die Kabotage ausgeschlossen. Wegen dieses Rechtsrahmens können Flugzeuge auf Verbindungen zwischen zwei Staaten keinen Zwischenstopp in einem anderen Staat einlegen, was zu weniger wirtschaftlichen Umläufen der Maschinen führt.

© Der/die Autor(en), exklusiv lizenziert an Springer Fachmedien Wiesbaden GmbH, ein Teil von Springer Nature 2026
R. Vahrenkamp, *Luftfracht in globalen Netzwerken*, essentials,
https://doi.org/10.1007/978-3-658-51356-6_3

Zu dem Netzwerk der Lufttransporte zählen in den Städten angesiedelte Flug-häfen (Airports), dort eintreffende Airlines und Luftfrachtspeditionen mit boden-gebundenen LKW–Verkehren für den Zulauf und Ablauf von Luftfracht (Schäfer 2019, S. 132). Ferner zählen dazu Einrichtungen der Luftraumüberwachung und dem rechtlichen Regulierungsrahmen für den Betrieb von Flughäfen und Airlines auf nationaler und internationaler Ebene. Schließlich treten mit den Firmen Sabre und Amadeus zwei marktbeherrschende, weltweit operierende Buchungsgesell-schaften auf, mit denen die Airlines ca. 50 % ihrer weltweiten Ticketverkäufe ab-wickeln.[1]

Flughäfen und Airlines stehen untereinander in Wettbewerb, um möglich viele Passagiere und möglichst viel Fracht für den Lufttransport anzuziehen. Insbeson-dere konkurrieren die Airlines um günstig gelegene Time Slots für Start und Lan-dungen an den Flughäfen. Die Flughäfen sind bestrebt, Airlines anzuziehen, wel-che attraktive Verkehrsrelationen anbieten. Die Flughäfen bieten mit großen Ge-bäuden die Infrastruktur für die Abfertigung von Passagieren und Fracht (Zoll, Sicherheitscheck bei Passagieren und Fracht, Ticketerwerb, Kofferabfertigung, Warteräume, Lagerflächen für Fracht und Einrichtungen zum Palettenaufbau und Palettenabbau) und auf dem Vorfeld Dienste für die Abfertigung der Flugzeuge an ihren Parkpositionen (Vorfeldflächen, Beladung, Reinigung, Betankungen, Inspek-tion). Sie unterhalten die Infrastruktur von Kilometer langen Startbahnen und ko-ordinieren den Verkehr auf den Rollbahnen sowie den Ab- und Anflug.

Auf den Flughäfen wird neben der Abfertigung der Passagiere auch der Um-schlag von Luftfrachtsendungen in spezialisierten Terminals vorgenommen. Dort werden die von der Landseite per LKW eingehenden Frachtstücke vornehmlich in Luftfrachtcontainer LD3 verpackt oder auf Paletten mit den Dimensionen 318 cm × 224 cm (88 Zoll Paletten) aufgebaut. Neben dem LD3 gibt es eine Reihe spezialisierter Container, u. a. für gekühlte Fracht (Schäfer 2019, S. 197).

Nur wenige Flughäfen legen einen deutlichen Schwerpunkt auf den Luftfracht-umschlag und haben nur einen vergleichsweise geringen Umfang an Passagier-abfertigung. Dazu zählen der von FedEx betriebene Frachthub am Flughafen Memphis in Tennessee, der von UPS betriebene Frachthub am Flughafen Louis-ville in Kentucky und der Flughafen Anchorage in Alaska, alle drei Flughäfen be-finden sich unter den weltweit Top 5 nach Frachtumschlag in Tonnen, siehe Tab. 8.1. Anchorage besitzt eine besondere logistische Bedeutung als Lagerort für hochwertige Ersatzteile, da von dort aus in neun Stunden Flugzeit wichtige Ziele

---

[1] Iata und McMinsey (Hg.): Understanding the pandemic's impact on the aviation value chain, Genf 2022, S. 14. Die andere Hälfte der Ticketverkäufe erfolgt online mit Buchungen auf den Webseiten der Airlines.

in den USA, Europa und Asien erreicht und mit Ersatzteilen versorgt werden können (Schäfer 2019, S. 126). Zudem nutzen die Expressdienste Federal Express und UPS den Flughafen Anchorage als Gateway in den asiatisch pazifischen Raum (DVZ 21. November 1989, S. 15).

Die Flughäfen werden danach unterschieden, ob sie für große Airlines einen Umsteigeknoten (Hub) anbieten. Für den Personentransport auf langen (über 4500 km) Flugstrecken zwischen Kontinenten setzen die Airlines, welche diese Strecken anbieten, das Organisationskonzept des Hubs ein, um die Großraumflugzeuge auf diesen Langstrecken mit Passagieren füllen zu können. Flüge von Zubringerverkehren im Bereich von 1000 bis 2000 km bringen die Passagiere zur Konzentration an den Hub, weswegen diese Airlines auch als Netzwerk-Carrier bezeichnet werden. In Europa sind in den Städten Paris, London, Amsterdam und Frankfurt am Main Hubs mit großen Netzwerken aufgebaut worden, welche von den ehemaligen Flagcarriern Air France, British Airways, KLM und Lufthansa betrieben werden (Schäfer 2019, S. 106).[2] Die genannten Städte liegen nur wenige Hundert Kilometer voneinander entfernt, weswegen die dort angesiedelten Flughäfen und dort abfliegenden Airlines um Passagiere und Fracht konkurrieren. Tab. 3.1 zeigt die Transportentfernungen für die Anlieferung von Luftfracht unter den genannten Städten.

Tab. 3.1 LKW-Fahrtzeiten für Luftfrachtzulieferung an Hubs in Europa. (Quelle: eigene Darstellung)

Relation	Entfernung km	Fahrtzeit in Stunden
Paris-London	483	9 incl. 2 h Fahrtzeit im Kanaltunnel plus 10 h Zoll
Paris-Amsterdam	497	7
Paris-Luxemburg	407	6
Paris-Frankfurt	568	8
Frankfurt-Luxemburg	280	4
Frankfurt-Amsterdam	435	6
Frankfurt-London	796	13 incl. 2 h Fahrtzeit im Kanaltunnel plus 10 h Zoll
Amsterdam-London	579	10 incl. 2 h Fahrtzeit im Kanaltunnel plus 10 h Zoll

---

[2] Zu den Flagcarriern siehe Dienel 1998.

Für die Luftfracht spielen die Netzwerkcarrier eine große Rolle, da sie ca. 50 % der weltweit geflogenen Fracht als Unterdeckladung (Bellyfracht) befördern. Neben den Netzwerk-Carriern treten die Airlines auf, die lediglich Punkt-zu-Punktverkehre im Entfernungsbereich 1000 bis 2000 km anbieten, aber keine Interkontinentalverkehre anbieten und keine Huborganisation aufbauen. Diese Airlines werden auch als Low Cost Carrier (LCC) bezeichnet, da sie die hohen Overhead-Kosten für den Betrieb eines Netzwerkes einsparen können, niedrigere Wartungskosten durch eine standardisierte Flotte von Flugzeugen aufweisen und niedrigere Abfertigungsgebühren zahlen müssen durch Nutzung von sekundären Flughäfen und so niedrige Ticketpreise anbieten können. LCC transportieren zumeist keine Fracht im Unterdeck.

Zum Netzwerk der Lufttransporte zählen auch die großen Hersteller von Flugzeugen, wie Airbus, Embraer, Bombardier und Boeing, die mit Langfristprognosen zum globalen Lufttransport von Passagieren und zum globalen Luftfrachttransport hervortreten (Flottau 2012). Ferner sind Leasinggesellschaften zu nennen, die von großen Kapitalgesellschaften betrieben werden und Flugzeugflotten finanzieren und an Fluggesellschaften vermieten.

Die Nachfrage nach Flugsitzen in dem Passagiertransport, und damit das Angebot an Frachtraum im Unterdeck, hängt von zwei Säulen ab: den Geschäftsreisen und den Urlaubsreisen. Unter Geschäftsreisen summieren sich die Reisen von Vertretern von Firmen, die ihre Artikel in andere Länder exportieren wollen, aber auch von Dienstleistern, wie insbesondere Banken, die Investitionsprojekte in aller Welt verhandeln. Der Corporate Payment Anbieter Air Plus führt einen Business Travel Index, der die Top-Ziele der Geschäftsreisenden anzeigt.[3] Die beiden Weltfinanzzentren London und New York sollen hier hervorgehoben werden, die einen heftigen Flugverkehr mit Bankern unterhalten, welche für die British Airlines sehr profitabel ist. London stand als Finanzzentrum und ehemalige Hauptstadt des britischen Weltreiches bis 2019 an der Spitze der meistgeflogenen City-Paare weltweit. Ein hohes Aufkommen an Passagierflügen auf dem Flughafen München resultiert aus der Wirtschaftsstruktur der Stadt. Die Stadt München versammelt die Geschäftszentralen von sieben Dax-Konzernen und die Deutschlandsitze der Internetkonzerne Apple, Amazon und Microsoft. Zusätzlich zum Hauptsitz Hamburg betreibt Google eine Geschäftsstelle in München.

---

[3] Beschaffung aktuell vom 27. April 2023.

Zu den Geschäftsreisen gehören ferner Vertreter von Regierungen und regierungsnahen Organisationen, welche diese Reisen für Verhandlungen und Teilnahme an Konferenzen antreten. Auch diese Fluggäste buchen üblicherweise Business Class bzw. erste Klasse. Eine Nachfrage nach Touristikreisen tritt auf, sobald eine Gesellschaft eine breite wohlhabende Mittelschicht hervorbringt. Dafür ist China ein Beispiel, wo eine Nachfrage nach Touristikreisen Richtung Europa entsteht. Bei den Touristikreisen wird fast ausschließlich Economy Class gebucht.

Geschichte und Kennzeichen der Luftfracht

4

Bereits in den 1920er-Jahren wurden in allen Erdteilen Fluglinien für den Passagiertransport eingerichtet, die in den 1950er-Jahren auf Jetliner umgestellt wurden (Greiner 2025; Jopp und Spoerer 2024). Auch für die Beförderung von Frachtstücken per Flugzeug, also von Luftfracht, gibt es frühe Beispiele. So wurde die verfassungsgebende Versammlung für die spätere Weimarer Republik in Weimar im Jahre 1919 von Berlin aus per Flugzeug mit den Berliner Zeitungen versorgt. In Deutschland und Europa baute die 1925 gegründete „Deutsche Luft Hansa" ein Liniennetz für den Passagierverkehr auf, das auch die Beförderung von Post umfasste und von der Reichsregierung finanziell unterstützt wurde. Nach der Niederlage im Ersten Weltkrieg sollte die Luft Hansa Deutschland in Europa wieder Geltung verschaffen (Ott 1991).

Die große Ausdehnung der Vereinigten Staaten schuf in den 1920er- und 1930er-Jahren einen großen Inlandsmarkt für den zivilen Luftverkehr mit Passagierflugzeugen und daraus abgeleiteten Frachtflugzeugen. In den 1920er- und 1930er-Jahren unterstützte die US-Post den Betrieb der zahlreichen US-Inlandsfluggesellschaften mit Aufträgen für die Beförderung von Post als Luftfracht. Ohne das Zusatzgeschäft mit der Post wären die Linien nicht profitabel gewesen. Mit ihren Förderungsinstrumenten gelang es ihr, die zahlreichen kleinen Fluggesellschaften zu den vier großen Fluggesellschaften TWA, Eastern, American und United zu konsolidieren (Davies 1972, S. 108), die bis zu der Deregulierung des US- Luftverkehrsmarktes durch Präsident Carter im Jahre 1977 den Flugbetrieb in den USA in kartellmäßiger Weise beherrschten (Rose et al. 2006).

Ein Auftrag der Fluggesellschaft American Airlines ermöglichte es dem Flugzeugbauer Douglas in Los Angeles, eine zwei motorige Maschine aus Ganzmetall des Typs DC2 zu entwickeln und diese durch Einsatz von Schlafkabinen für den

R. Vahrenkamp, *Luftfracht in globalen Netzwerken*, essentials, https://doi.org/10.1007/978-3-658-51356-6_4

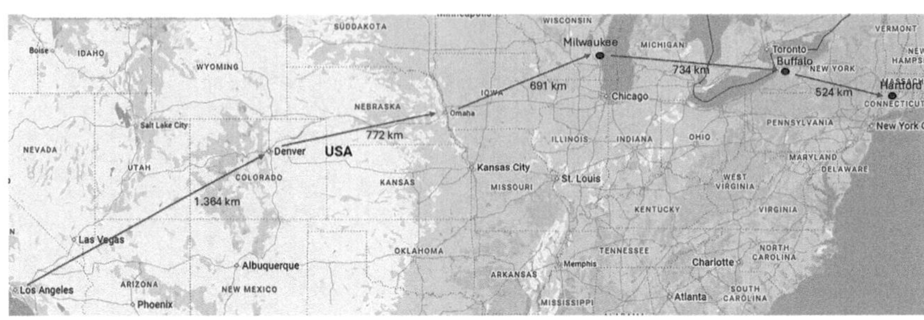

Abb. 4.1 Frachtroute von Los Angeles nach Boston über Hartford von Flying Tiger 1949. (Quelle: Karte nach Google Maps)

Transamerika Flug von New York nach Los Angeles mit dem Modell DC3 fit zu machen. Der erste dieser Flüge der American Airline fand 1936 statt mit drei Zwischenstopps zum Auftanken in Memphis, Fort Worth und Tuscan und einer Dauer von weniger als 20 h (Davies 1972, S. 191). Diese Linie war die erste durchgehenden Verbindung von New York nach Los Angeles ohne Umstieg und die erste Linie, die ohne Postbeförderung profitabel war. Die militärische Version der DC-3 war die C47. Sie spielte im Zweiten Weltkrieg als Frachtflugzeug der US Army eine große Rolle.

Nach dem Zweiten Weltkrieg gab es in den USA eine Gründerwelle von Fluggesellschaften, die ehemalige Militär-Piloten beschäftigten, unter anderem auch die Luftfrachtgesellschaft Flying Tiger, die später auf dem Luftfrachtmarkt eine besondere Bedeutung erfahren sollte und zunächst bloß in den hochgradig regulierten Verkehrsmärkten der Vereinigten Staaten Inlandsflüge durchführte (Rose et al. 2006). Sie erhielten im Jahre 1949 die erste Lizenz in den USA für regelmäßige Frachtflüge von Los Angeles nach Boston auf der in Abb. 4.1 dargestellten Route.

Abb. 4.2 zeigt ein Foto mit einer Szene vor dem ersten Start auf dem Flughafen von Los Angeles und vermittelt einen Eindruck von den Packstücken für den Frachttransport.

Die Frachtgesellschaft Flying Tiger entwickelte sich in den folgenden Jahrzehnten sehr stark fort mit einer großen Flotte von Frachtmaschinen und mit zahlreichen Landerechten in den Flughäfen von Asien und Europa. Im Jahre 1988 wurde sie für 850 Mio. Dollar von dem Express Fracht Anbieter Federal Express gekauft und integriert. Federal Express konnte damit seine Marktstellung in Europa und Asien sehr stark ausbauen (DVZ 1. April 1989, S. 7).

Als **Luftfrachtmarkt** bezeichnet man den Markt, dessen angebotene und nachgefragte   Dienstleistungsprodukte   den   nationalen   und   internationalen

First All-Cargo Scheduled Route 100 *Item 3 of 16*

Abb. 4.2 Vor dem ersten Linienflug nach Boston der Flying Tiger Gesellschaft 1949. (Quelle: Flyingtigerclub.org/history)

Warentransport mit dem Verkehrsmittel Flugzeug versehen. Zum Luftfrachtmarkt zählen ferner Transporte, die als bodengebundener Verkehr mit dem Lastkraftwagen (LKW) als Road Feeder durchgeführt werden. Vergleicht man den Luftfrachtmarkt mit anderen durch Bahn-, LKW- oder Schiffstransport definierten Verkehrsmärkte, so stellt man fest, dass sich der Luftfrachtmarkt infolge seiner spezifischen Eigenschaften grundlegend von diesen unterscheidet. In erster Linie ist er charakterisiert durch kurze Beförderungszeiten auf weiten Distanzen, durch vergleichsweise geringe Beförderungskapazitäten, hohe Transportkosten und eine geringe Netzdichte. Infolge dieser kennzeichnenden Eigenschaften werden primär kleine, leichte, wertvolle und/oder zeitkritische Güter als Luftfracht befördert. Im Vergleich zum Schiffstransport über Ozeane betragen die Frachtraten im Lufttransport das 12- bis 15-fache. Werden über Luftfracht nur ca. 1 % der transportierten Menge des Welthandels, gemessen in Tonnen, abgewickelt, so doch ca. 1/3 des Warenwertes.[1]

---

[1] IATA (Hg.): Annual Review 2019, S. 12.

Neben den oben genannten Merkmalen weist die Produktion von Luftverkehrsleistungen folgende spezifische Merkmale auf:

- **Zersplitterung** der Anbieter. Nahezu jeder Staat der Erde unterhielt eine Staatsairline (Flagcarrier), um seine Souveränität zu unterstreichen (Dienel 1998; Huber 2022). Dieses führte zu einem breiten Angebot von Airlines mit meist bloß kleiner Kapazität auf dem Luftfrachtmarkt. In der Europäischen Union kommt die Privatisierung und Konzentration der Flagcarrier auf wenige große Firmen voran. Die Belgische Airline Sabrena ist vom Markt verschwunden. Die holländische KLM hat mit Air France fusioniert. Die Austrian Airlines und Swiss Air sind Tochtergesellschaften der Lufthansa geworden. In der EU sind die großen Airlines, wie die Lufthansa, Air France-KLM und British Airways nicht mehr in Staatsbesitz. Im Jahre 2011 fusionierte British Airways mit dem spanischen Flagcarrier Iberia zur Dachgesellschaft International Airlines Group (IAG), an welcher Quatar Airlines einen Anteil von 25 % hält.

- **Staatliche Subventionen**: Viele Staaten subventionieren ihre nationalen Carrier, da sie ihr Zeichen der staatlichen Eigenständigkeit erhalten sehen wollen. Der Zusammenbruch des Ostblocks führte zur Gründung zahlreicher Staaten in Europa, die eigene Airlines unterhalten. Sowohl offene als auch verdeckte Subventionen sind in der Mehrzahl der Staaten üblich, was besonders in Folge des Terroranschlags am 11. Septembers 2001 in Europa deutlich wurde. Die Zuwendungen für die Linien Swiss Air und Alitalia im Jahre 2004 unterstreichen dies. Auch sind in den USA die unter Konkurrenzschutz (US-Chapter 11) stehenden Airlines zu beachten. Die Airlines der Emirate – Emirates, Qatar und Etihad – befinden sich im Eigentum der Herrscherfamilien und treten, mit den Ölmilliarden abgesichert, als globale Player auf und dringen in Europa und Asien in die Märkte ein. So erwarb im Jahre 2011 Qatar einen Anteil von 35 % an der Luftfrachtfirma Cargolux in Luxemburg. Im gleichen Jahr beteiligte sich Etihad an Air Berlin. Die Emirate sind seit 2010 zur weltweit zweitgrößten Frachtairline aufgestiegen. Nach dem deutschen Umsatzsteuergesetz werden in § 8 Airlines mit Sitz in Deutschland von der Umsatzsteuer befreit, wenn sie überwiegend grenzüberschreitenden Verkehr anbieten. Die Umsatzsteuerbefreiung für den eigentlichen Flugverkehr wurde von der Luftfahrtlobby nach und nach erweitert auf alle möglichen Nebenleistungen, die mit dem Flugverkehr in Beziehung stehen: Reparatur, Wartung, Ersatzteile, auch der Frachtumschlag auf deutschen Flughäfen, das Leasing von Flugzeugen, und den Treibstoff. Selbst ein Luftfrachtcontainer ist von der Steuer befreit.[2] Die Luft-

---

[2] Umsatzsteuer-Anwendungserlass vom Bundesfinanzministerium, jährlich.

hansa Tochter Lufthansa Technik mit Sitz in Hamburg wies im Jahre 2024 einen Umsatz von 7 Mrd. € mit der Wartung von Flugzeugen auf, der komplett umsatzsteuerfrei war. Damit entging den deutschen Finanzbehörden eine Steuereinnahme von ca. 700 Mio. € bei einer angenommenen Wertschöpfung von 50 %. Ebenfalls ist der Umschlag des Paketknotens der DHL auf dem Flughafen Leipzig, der auf 7000 Mitarbeitern und einem Kapitalinvestment von mehreren 100 Mio. € beruht, umsatzsteuerfrei (DHL 2024). Die Folgen der staatlichen Subventionen sind die Verzerrung des Leistungswettbewerbs, die Verhinderung ökonomisch erforderlicher Marktausscheidungen und die Entstehung weltweiter Überkapazitäten, insbesondere bei der Bellyfracht. Die in der IATA zusammengeschlossenen Airlines erreichten im Jahre 2019 nur eine Kapazitätsauslastung (weight load factor) von 46 % des angebotenen Frachtraums (IATA 2020, S. 5).

- **Bilaterale Luftverkehrsabkommen**: Eine wirtschaftliche, globale Umlaufplanung der Flugzeuge ist nur schwer erreichbar. Staatliche Vorschriften und Verkehrsrechte im internationalen Verkehr führen zu einem beschränkten Marktzutritt. Die Luftverkehrsabkommen bestehen bloß bilateral zwischen je zwei Staaten. Dies führt zu unwirtschaftlichen Pendelverkehren, die zumeist auf den beiden Relationen ungleichmäßig ausgelastet sind („unpaariger Verkehr"). Eine Verbesserung der Kapazitätsauslastung durch Flüge mit einem Zwischenstopp in Drittländern kann wegen der bilateralen Abkommen nicht erreicht werden. Die Airlines müssen sich behelfen und unter den Verkehrsrechten befreundeter Airlines fliegen.
- **Beschränkter Marktzutritt**: Obwohl die Luftverkehrsmärkte in den USA und der EU bereits teilweise liberalisiert sind, existieren weiterhin Marktzutrittsschranken, wie die Landerechte von Drittländern, nationale Einschränkungen in der Eigentümerstruktur der Airlines[3] und Vorrechte der (ehemaligen) Flagcarrier bei der Vergabe von Start- und Landerechten (Slots) und bei der Einrichtung von Abfertigungsstationen auf den Flughäfen. So hält die British Airways 46 % der time-slots auf dem Flughafen London-Heathrow.

Die Airlines operieren in einem ungünstigen Umfeld, welches einen Druck auf deren Profitabilität ausübt. Hohe Ölpreise sowie hohe Sicherheitsanforderung bei der Abfertigung von Passagieren und Fracht machen den Airlines zu schaffen.

---

[3] Die Lufthansa ist nach dem Luftverkehrsnachweissicherungsgesetz verpflichtet, alle drei Monate eine nach Nationalitäten gegliederte Eigentümerstruktur zu veröffentlichen, um so den in bilateralen Luftverkehrsabkommen und in EG-Richtlinien geforderten Nachweis zu führen, dass das Unternehmen unter deutscher bzw. europäischer Kontrolle steht.

Hinzu kommen Nachfragerückgänge wegen Vulkanausbrüchen, Naturkatastrophen, Atomkatastrophen, Seuchen[4] und politischer Unruhen, welche deren Profitabilität in Frage stellen. Rund ein Drittel aller Flashspeicherkarten für Smartphones und Digitalkameras stammt aus Japan. Aber die Stromausfälle als Folge des Tsunamis in Japan im Frühjahr 2011 legten viele Chipfabriken still und resultierten in einem Rückgang an Luftfracht in Japan.[5] In der Dekade 2001 bis 2010 wiesen die in der IATA organisierten Airlines in sieben Jahren aggregierte Verluste auf (IATA WATS 2011, S. 14). Um einen Teil der Belastungen zu kompensieren, erheben die Airlines für die Beförderung von Fracht einen Zuschlag wegen erhöhter Treibstoffkosten.

In den Geschäftsfeldern der Fluggesellschaften nimmt der Passagierverkehr eine dominante Position ein. Dieses führte zur Kritik der Verbände der verladenden Wirtschaft, da die Nachrangigkeit der Luftfracht die Qualität der Leistungserstellung beeinträchtigte (Welsh 2011, S. 10). Nach einer Schätzung von Boeing erzielen die Fluggesellschaften weltweit nur ca. 15 % ihrer Erlöse aus dem Frachtgeschäft (Elder 2011, S. 36). In der IATA-Statistik wird bei der beförderten Fracht unterschieden in domestic Verkehre und grenzüberschreitende, internationale Verkehre. Während in Europa wegen der vergleichsweise kurzen inländischen Entfernungen die domestic Verkehre für Fracht nur für periphere Quell- oder Zielgebiete eine Rolle spielen, besitzen sie in den Ländern mit großer Ausdehnung, wie den USA, Russland, China, Indien, Brasilien und Australien, eine hohe Bedeutung. So besitzt der Verkehr innerhalb von Nordamerika den fünffachen Umfang vom Verkehr in Europa, der in Europa überdies zum Teil als Luftfracht per LKW gefahren wird. In den USA wird der domestic Verkehr vor allem durch die Netzwerke der Paketdienstleister (UPS, FedEx) und durch Amazon Air betrieben. Der von FedEx auf Umschlagsknoten genutzte Flughafen Memphis steht an der Spitze der Frachtflughäfen weltweit. Nach den IATA-Statistiken betrug im Jahre 2019 das Verhältnis von international geflogener Fracht zu domestic geflogener Fracht ungefähr 2:1, gemessen in beförderten Tonnen (**Verkehrsaufkommen**, IATA WATS 2020, S. 33). Eine weitere wichtige Größe in der Luftfracht ist die **Verkehrsleistung**, die anzeigt, wie viele Tonnen Fracht ein Flugzeug auf einer Flugtrecke, gemessen in Kilometern, transportiert. Die Verkehrsleistung wird in Tonnen-Kilometern gemessen. Sie betrug im Jahre 2019 im internationalen Frachtverkehr 220,7 Mrd. Tonnen-Kilometer und im Domesticverkehr 33,3 Mrd. Tonnen-Kilometer.

---

[4]Zum Beispiel Sars im Jahre 2003, siehe Rodrigue, Comtois und Slack 2009, S. 308.

[5]Financial Times Deutschland 15. März 2011.

Die Messung in Tonnen-Kilometer wirft die Frage auf, was damit eigentlich wirklich gemessen wird. Der Ansatz, die transportierten Tonnen zu berücksichtigen, unterstellt implizit das Bild, dass Luftfracht schwere Maschinenteile transportieren würde. Dieses kann zwar im Einzelfall richtig sein, aber die Luftfracht ist gekennzeichnet durch eine Vielzahl von in Kartons verpackten Sendungen mit geringem Gewicht. Eine 88 Zoll Luftfrachtpalette besitzt im Bellyladeraum lediglich ein Durchschnittsgesicht von 2 t mit den darauf aufgebauten Kartons (vergl. Tab. 5.1). Nimmt man 50 Kartons pro Palette an, so ergibt sich ein von 2 t heruntergerechnetes Durchschnittsgewicht von maximal 40 kg pro Karton. Ferner erzeugt das Geschäftsfeld des E-Commerce ein Bestellverhalten der Konsumenten mit leichten Einzelsendungen. In der Literatur wird vielfach darauf verwiesen, dass E-Commerce einen großen Einfluss auf die Sendungsstruktur von Luftfracht besitzt. Auf den Transpazifik Flügen von China in die USA sind die Frachter zu 50 % beladen mit Einzelsendungen an Endkonsumenten, die von den großen E-Commerceportalen Shein und Temu in China stammen. Damit transportieren die Frachter mit den leichten Verpackungen für die Endkonsumenten sehr viel Luft im Unterschied zu Verpackungen von Großhandels-Gebinden, die kompakt verpackt sind. Die Frachter erreichen damit nicht die Grenze an maximaler Zuladungsgewicht, sondern fast immer die Volumengrenze unterhalb oder sogar weit unterhalb der Gewichtsgrenze. Sinnvoller als die Transportleistung der Luftfracht in Tonnen-Kilometer zu messen wäre also die Transportleistung in Volumen-Kilometer zu messen.

Aus dem Verhältnis von angebotenen zu bezahlten Tonnen-Kilometern Fracht wird der Nutzladefaktor als Prozentsatz bestimmt (IATA WATS 2020, S. 33). Er betrug im weltweiten Durchschnitt der IATA–Airlines im Jahre 2019 für Frachtmaschinen 63,8 % und für Bellyfracht 35,9 %. Zur Beurteilung der wirtschaftlichen Lage der Airlines sind die Daten zur Kapazitätsauslastung (Nutzladefaktor) und zum Ertrag (Yield) von Bedeutung. Als Yield wird der Durchschnittserlös pro verkaufter Leistungseinheit bezeichnet. Die Leistungseinheiten können sich dabei beziehen auf das Gewicht (tatsächliches Gewicht oder frachtpflichtiges Gewicht) oder auch auf die angebotenen Tonnenkilometer oder die transportierten Tonnenkilometer. Das Luftfrachtaufkommen der Carrier ist von den Frachtstatistiken der Flughäfen zu unterscheiden. Dort werden die luftseitig eintreffende und die luftseitig ausgehende Fracht und Post erfasst, sodass Transitfracht doppelt gezählt wird. Auch werden Zu- und Abgang von Road-Feeder Fracht (siehe unten) als Luftfracht gezählt und so als Transitfracht doppelt erfasst.

Flugzeugtypen im Frachtverkehr

5

Unter dem Gesichtspunkt der eingesetzten Flugzeugtypen lässt sich der Frachtverkehr aufgliedern. Die Wahl des Flugzeugtyps hängt dabei vom jeweiligen Transportgut ab. Luftverkehrsgesellschaften, bei denen der Transport von Passagieren im Vordergrund steht, nehmen zusätzliche Fracht als Beiladung in Passagierflugzeugen mit. Diese wird zusammen mit dem Gepäck der Passagiere im Unterflurfrachtraum (Lower Deck oder Belly) transportiert, während die Passagiere im Hauptdeck (Main Deck) befördert werden (Belly-Flugzeuge). Die Luftfracht ist somit ein Kuppelprodukt des Passagiertransports, was komplizierte Zurechnungsprobleme aufwirft. Im Unterdeck können entweder Luftfrachtcontainer, die als LD3 bezeichnet werden, oder Luftfrachtpaletten mit den Maßen 318 cm × 224 cm (88 Zollpaletten) und einem Maximalgewicht von 6,8 t verladen werden. Tab. 5.1 zeigt die Ladungskapazität für Fracht im Unterdeck bei den für Langstrecken gängigen Passagiermaschinen.

Die Ladekapazität der Belly-Flugzeuge liegt, je nach Flugzeugtyp und unterstelltem 100 %-igen Sitzladefaktor bei entsprechender Gepäckmitnahme, zwischen 1 t und 16 t. Die 16 t ist die Bellykapazität einer B747-400 mit einem Laderaum von 72 m^3. In der Spitze sind 60 t Belly-Last bei der Boeing 787-9 möglich. Aus den Ladeplänen der Tab. 5.1 geht hervor, dass die Paletten im Durchschnitt bloß 2 t wiegen, was darauf hindeutet, dass Luftfracht im Unterdeck aus kleinen, leichten Packstücken besteht.

Eine Einschränkung von Belly-Flugzeugen besteht darin, dass gefährliche Güter oder sperrige Güter nicht im Lower Deck transportiert werden können. Dennoch kann Air Cargo mit Hilfe der Belly-Frachtkapazität das dichte Netzwerk der Verbindungen im Linienverkehr von Airlines und deren Allianzen nutzen. Damit sind auch Destinationen mit einem schwachen Verkehrsaufkommen für Luftfracht

© Der/die Autor(en), exklusiv lizenziert an Springer Fachmedien Wiesbaden GmbH, ein Teil von Springer Nature 2026
R. Vahrenkamp, *Luftfracht in globalen Netzwerken*, essentials,
https://doi.org/10.1007/978-3-658-51356-6_5

Tab. 5.1 Unterdeck-Kapazität für Fracht bei Belly-Flugzeugen. (Daten nach LH Cargo Brochure Pallets 2024)

Flugzeugtyp	Anzahl LD3 Container	Anzahl Paletten 318 × 224 cm, 88 Zoll	Nutzlast im Unterdeck in Tonnen
Boeing 747–8	22	7	16,9
Boeing 747–400	16	5	11,5
Boeing 787–9	20	6	60,3
Boeing 777–200	18	6	13,9
Boeing 777–300	8	4	10,4
Airbus A380	16	5	11,3
Airbus A350–900	20	6	15,1
Airbus A330–200	18	6	14,5
Airbus A340–600	24	8	14,3
Airbus A340–300	18	6	12,4

erreichbar, wofür sonst ein Charterflug eingesetzt werden müsste. Für Destinationen mit einem hohen Aufkommen an Luftfracht, für gefährliche Güter oder sperrige Güter und für zeitdefinierte Transportangebote der Expressfrachtfirmen FedEx, DHL und UPS können Nurfrachtflugzeuge wirtschaftlich im Linienverkehr eingesetzt werden. Ein weiterer Vorteil des Einsatzes von Frachtmaschinen besteht darin, dass die Flugpläne der Frachtairlines nicht abhängig von denen der Passagiermaschinen sind. Luftfrachtverbindungen können „unpaarig" sein, d. h. auf dem Hinweg ist das Frachtflugzeug voll ausgelastet, aber auf dem Rückweg bloß halb. Dies ist bei den Verkehren von Asien in die USA der Fall. Hingegen ist der Frachtverkehr zwischen Europa und Asien ausgeglichen (Boeing 2024, S. 7 f.). Die geringe Auslastung auf dem Rückweg kann die Profitabilität des Fluges in Frage stellen. Auch der CO_2-Fußabdruck verdoppelt sich bei halb ausgelasteten Frachtmaschinen gegenüber der Vollauslastung.

Nurfrachtflugzeuge werden von Fluggesellschaften genutzt, die in der Luftfracht ein eigenes Geschäftsfeld sehen (z. B. LH Cargo, IAG Cargo oder CargoLux) und von Expressfrachtlinien (FedEx, DHL, UPS, Amazon Air). Die Zuladungsmenge von Nurfrachtflugzeugen beträgt 28 t bei einem Airbus 321F, 115 t bei einer Boeing B747-400F und 250 t bei einer Antonov AN225. Aufgrund von

Tab. 5.2 Gängige Frachtmaschinen für den Langstreckenverkehr. (Daten nach LH Cargo Brochure Pallets 2024)

Flugzeugtyp	Hauptdeck	Unterdeck	Nutzlast in Tonnen
Boeing 777F	27 Paletten	6 Paletten oder 18 LD3	103
Boeing 747–400F	30 Paletten oder 29 10 ft Container oder 13 20 ft Container		115
Airbus 321F	14 Paletten	10 Paletten 153 × 156 cm 60 Zoll	28
Boeing 767–300F	22 Paletten	7 Paletten 60 Zoll	54

Volumenbegrenzungen werden diese Zulademengen jedoch eher selten erreicht. Die folgende Tab. 5.2 zeigt gängige Frachtmaschinen auf, die durch Einbau eines verstärkten Bodens des Hauptdecks und von breiten Türen zur Verladung aus den jeweiligen Passagierversionen hervorgegangen sind.

Mit Ausnahme der Boeing 767 sind alle in Tab. 5.2 dargestellten Flugzeuge vom Typ Wide Body. Die 767 Maschine ist dagegen Medium Body. Sie wird in den USA für Inlandsflüge von den großen Expressgesellschaften FedEx, UPS und Amazon Air eingesetzt und auch für Verkehre der Expressgesellschaften innerhalb von Europa. Für Zubringerverkehre an Luftfracht innerhalb des US FedEx Netzes und für Übernachtzustellung von eiligen Dokumenten zwischen den europäischen Hauptstädten sind die Turboprop Maschinen ATR42 und ATR72 des französischen Herstellers Avions de Transport Régional von Bedeutung, die jeweils 4 t bzw. 7 t lose gepackte Fracht befördern können.

Aufgrund der IATA-Statistiken kann für einzelne Fluggesellschaften die Verteilung der genutzten Kapazität dargestellt werden. Zum Beispiel beförderte die Lufthansa im Jahre 2010 die Menge von 1052 Mio. t Fracht, davon 46,5 % auf Nurfrachtflugzeugen und 53,5 % auf Belly-Flugzeugen (IATA WATS 2011).

Als Kuppelprodukt des Passagiertransports hängt der Preis für Bellyfracht vom Angebot der Passagiersitze ab. Dabei kann der Passagiertransport die Belly-Fracht subventionieren oder umgekehrt. Auf Strecken mit großem Angebot an Passagiersitzen, wie z. B. London – New York, wirkt sich das hohe Angebot an Belly-Frachtraum preisdämpfend aus. Umgekehrt wird der Preis für Belly-Fracht hoch sein auf Strecken mit geringem Angebot an Passagiersitzen. Als Verbindung der beiden Weltfinanzzentren London und New York stand diese Strecke bis 2019 an der Spitze der höchstfrequentierten City-Paare weltweit. In den Top 10 Citypaaren auf der Relation Europa–Nordamerika und Europa–Asien im Jahre 2019 taucht

London 11 Mal mit maximal 2 Mio. Passagieren auf (IATA WATS 2020, S. 68 f.). Dies unterstreicht die führende Rolle Londons im internationalen Passagierverkehr, die mit einem entsprechenden Angebot an Bellykapazität verbunden ist. Der Spitzenplatz Londons wurde von Relationen in Asien verdräng. Im Jahre 2024 lagen 9 der Top 10 Citypaare in Asien auf Inlandsrouten mit 5 bis 13 Mio. Passagieren,[1] die ein entsprechendes Angebot an Frachtraum schaffen.

---

[1] IATA Pressemitteilung 16.9.2025.

Die Carrier-Spediteur-Kooperation bei General Cargo

Die von Frachtgesellschaften transportierte Fracht wird als „General Cargo" bezeichnet. Sie umfasst das ganze Spektrum von Frachtstücken mit ihren jeweiligen Besonderheiten. Dazu zählen sperrige Güter, Luxusautos, Rennpferde, kühlbedürftige frische Produkte und handliche Pakete. Vom Aufkommen her ähnelt General Cargo jedoch dem Segment der Expressfracht. 80 % der Sendungen liegen in Paketform vor und wiegen weniger als 30 kg (Frye 2011, S. 63). Die Frachtgesellschaften kooperieren im Vor- und Nachlauf zu den Flughäfen mit Speditionen, um die bodengebundenen Transportleistungen erbringen zu lassen, sowie mit zahlreichen Dienstleistern bei der Bodenabfertigung der Flughäfen, beispielsweise für die Be- und Entladung der Flugzeuge, den Palettenaufbau und -abbau, die Verzollung, die Kühlung und die Zwischenlagerung.

Zur Befüllung ihrer Frachtmaschinen kooperieren sie mit Speditionen, welche die Frachtstücke per LKW-Transport aus einem Umkreis von 2000 km zuführen (Road Feeder Network), sowie mit Frachtbrokern, die Laderaum en bloc kaufen. Die Produktion von General-Cargo-Leistungen ist relativ wenig standardisiert und hängt von vielen Ad-hoc-Entscheidungen ab. Teilweise arbeiten Spediteure mit bis zu 200 Airlines zusammen und umgekehrt Airlines mit bis zu 600 Spediteuren. Dadurch entstehen vielfältige und unterschiedliche Schnittstellen, die einen transparenten und durchgängigen Informationsfluss nur sehr schwer ermöglichen und zu komplexen Transport- und Informationsflüssen führen. Während in der gesamten Logistikindustrie der Materialfluss ansonsten über Barcodes gesteuert und durchgängig kontrolliert wird, ist dies im Bereich des General Cargo nicht der Fall. Dies ist ein Zeichen für den geringen Grad an Standardisierung.

Wegen der Vielzahl der Zwischenstationen, die ein Frachtstück vom Absender bis zum Empfänger durchläuft, gibt es bei den Begleitdokumentationen

© Der/die Autor(en), exklusiv lizenziert an Springer Fachmedien Wiesbaden GmbH, ein Teil von Springer Nature 2026
R. Vahrenkamp, *Luftfracht in globalen Netzwerken*, essentials,
https://doi.org/10.1007/978-3-658-51356-6_6

Medienbrüche und ein Nichterreichen einer bereits seit 20 Jahren geforderten durchgängigen Digitalisierung. Diese Reibungen im Betriebsablauf führen dazu, dass nach wie vor, d. h. seit 20 Jahren, in der General Cargo ein Frachtstück eine Laufzeit von 6 Tagen von Haus zu Haus in globalen Durchschnitt besitzt und dabei 124 Papierdokumente erstellt werden müssen, wie auf der Budapester Tagung der TIACA im Jahre 2019 der Präsident Firma Kale Logistic wieder hervorgehoben hatte (Knowler 2019).

General Cargo benötigt auf Intercont-Strecken die Konzentration der kleinen Mengen mithilfe von Hubs. Wichtige Hubs in Europa (Megahubs) sind Paris mit Air France als Carrier, London mit British Airways als Carrier und Frankfurt mit Lufthansa als Carrier (Schäfer 2019, S. 106). Am Hub Frankfurt wird das Aufkommen für Intercont-Verbindungen konzentriert. 60 % der auf Intercont-Verbindungen ausgehenden Fracht trifft in Frankfurt als Belly-Fracht in Passageflugzeugen von europäischen Destinationen ein (Frye 2011, S. 55). Die übrigen 40 % werden per LKW-Zulauf aus ganz Deutschland und aus Nord- und Osteuropa nach Frankfurt geliefert. Innerhalb von Europa wird Luftfracht nur als Zulieferung von Belly-Fracht in Passageflugzeugen zu Hubs geflogen, aber nicht als Luftfracht zwischen je zwei Destinationen. Vielmehr werden Lieferungen anstatt als Luftfracht innerhalb von Europa (mit wenigen Ausnahmen) mit dem LKW durchgeführt.[1] Dieses hat seinen Grund darin, dass LKW-Verkehre hinsichtlich der Kosten und der Laufzeiten mit der Luftfracht durchaus konkurrieren können. Ein Beispiel ist der Feedertruck LH7252A am 26.12.2025 von Frankfurt (FRA) um 23:00 Uhr nach München (MUC). Ankunft in MUC ist 6:00 Uhr +1, und dann folgt ein Flug mit einer A350 von MUC nach New York (JFK) unter der Flugnummer LH 410 um 12:45 Uhr +1, Ankunft in JFK um 15:40 Uhr +1.[2]

---

[1] https://www.lufthansa-cargo.com/en/product-road-feeder-service.

[2] https://www.lufthansa-cargo.com/en/network/schedule-routings.

Informationsplattformen in der Luftfracht 7

Die zahlreichen Player in der Lieferkette der Luftfracht von General Cargo schaffen eine Vielzahl von Schnittstellen, die ein elektronischer Dokumentenaustausch überwinden muss. Aus der Sicht der Luftfrachtspeditionen müssen Frachtraumbuchungen unterstützt werden durch einen Überblick über Produkte und Preise der Airlines auf dem Spotmarkt und auf dem Quotemarkt.

In den vergangenen 30 Jahren gab es zahlreiche Initiativen, um den elektronischen Dokumentenaustausch in der Luftfrachtkette zu unterstützen (Vahrenkamp 2014). Im Jahre 1998 wurde die IT-Plattform Global Trade Exchange gegründet. Die asiatischen Airlines haben Air Cargo Exchange und die nordamerikanischen Carrier das Cargo Portal Services gegründet. Im Jahre 2000 formierten Airlines und Luftfracht-Spediteure die Initiative Cargo 2000 unter dem Dach der IATA, um die Qualität der Leistungserbringung in der Luftfrachtkette zu steigern. Die e-freight Initiative der IATA wurde im Jahre 2005 gestartet und basiert sehr stark auf den Standardprozessen des elektronischen Datenaustausches (EDI). Diese sind aber umständlich zu handhaben, und deswegen verlief die Einführung von e-freight recht schleppend. Seit 2024 treibt die IATA die Initiative One Record voran. Lufthansa schreibt dazu: „Beteiligte der Luftfrachttransportkette können seit März 2024 ihre Sendungsinformationen über die Open-Source-Lösung ONE Record mit allen anderen Teilnehmern teilen und vom Shipment-Tracking ihrer Sendungen profitieren."[1]

---

[1] Geschäftsbericht Lufthansa 2024, S. 64.

Expressfracht und Perishables 8

Das Frachtgeschäft der Luftverkehrsgesellschaften basiert auf einer Partnerschaft mit Luftfrachtspediteuren, steht aber im Wettbewerb mit Anbietern von Expressfracht (Integratoren). Diese bieten Haus-zu-Haus-Dienstleistungen aus einer Hand und kürzere Laufzeiten an. Die Integratoren wie FedEx und UPS sind Beispiele für Unternehmen, die reine Frachtsysteme aufgebaut haben und unabhängig von der Passage sind.

Die Integratoren traten Anfang der 1980er-Jahre auf dem Luftfrachtmarkt auf und prägten diesen nachhaltig. Zu den bedeutendsten Integratoren zählen die US-amerikanischen Unternehmen FedEx (Federal Express), DHL (Delsey Hillborn Lynn) – von der Deutschen Post aufgekauft – und UPS (United Parcel Service) sowie das australische Unternehmen TNT (Thomas Nationwide Transport). Das Kerngeschäft dieser Unternehmen ist der Haus-zu-Haus-Verkehr von Dokumenten und Paketen bis zu einer Gewichtsgrenze von ca. 30 kg. Nach den Daten von Boeing lagen die Wachstumsraten der Integratoren deutlich über denen von General Cargo, was bedeutet, dass die Integratoren Marktanteile auf Kosten von General Cargo erobern. Für das Jahr 2023 gibt Boeing einen Anteil der Integratoren von 18 % an der gesamten Verkehrsleistung von Air Cargo an (Boeing 2024, S. 3). Damit sind die Integratoren ein wichtiger Bestandteil der weltweiten Lieferketten geworden. Nach Boeing-Angaben stieg das Durchschnittsgewicht eines Paketes von 2,7 kg im Jahre 1992 auf 5,3 kg im Jahre 2008 (Boeing 2010, S. 5). Nach Angaben von DHL betrug im Jahre 2023 das Durchschnittsgewicht eines Paketes im Paketknoten Leipzig 5,7 kg (DHL 2024). Die Preise der Integratoren liegen um 100 % über denen von General Cargo. Dafür erhält der Kunde kurze Laufzeiten von Haus-zu-Haus. Umgekehrt korrespondieren die niedrigeren Preise von General Cargo mit längeren Laufzeiten von 6 Tagen im weltweiten Durchschnitt.

R. Vahrenkamp, *Luftfracht in globalen Netzwerken*, essentials, https://doi.org/10.1007/978-3-658-51356-6_8

Tab. 8.1 Die Top 10 Frachtflughäfen (eingehende Fracht und ausgehende Fracht) 2024. (Nach IATA-Daten, www.internationalairportreview.com/article/107921/top-10-busiest-airports-world-cargo)

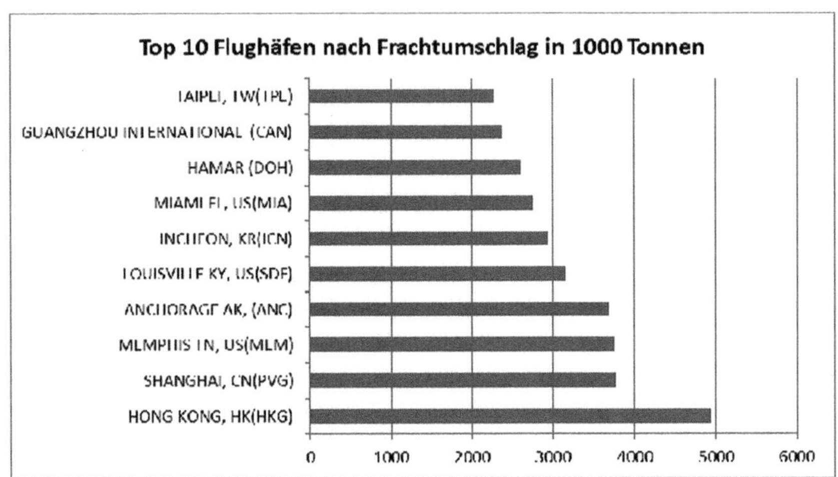

Die Integratoren zeichnen sich durch eine einheitliche Organisation aus. Sie verfügen in den einzelnen Ländern über eigene Fahrzeug- und Flugzeugflotten, eine durchgehende IT-Basis und bieten standardisierte Luftfrachtprodukte in Verbindung mit einem eigenen weltweiten Streckennetz an. Das ermöglicht ihnen bei Auftragsannahme, Abholung, Weiterleitung, Sortierung, Verzollung und Auslieferung den gleichen Standard zu erreichen. Welche großen Systeme von den Integratoren aufgebaut worden sind, lässt sich daran ermessen, dass der Hub von UPS in Louisville/Kentucky mit einem Umschlag von 3,1 Mio. t im Jahre 2024 gemessen an der Fracht-Tonnage nach IATA-Daten weltweit auf Platz 5 aller Flughäfen steht, und der Umschlag von Federal Express in Memphis auf Platz 3 (siehe Tab. 8.1).

Anders als Passagierfluggesellschaften, die Fracht im Unterdeck befördern, und reine Frachtgesellschaften beschränken sich Expressdienste nicht auf den Transport von Flughafen zu Flughafen. Sie organisieren zusätzlich die bodengebundenen Verkehre per Lkw im Vorlauf zum Flughafen sowie im Nachlauf vom Zielflughafen mit eigenen Fahrzeugen. Zusätzlich bieten sie den Versendern einen Haus-zu-Haus-Service an, d. h., sie holen die Pakete mit eigenen Lieferfahrzeugen beim Versender ab und bringen sie mit Lieferfahrzeugen zur Adresse des Empfängers. Sie haben daher ein integriertes System aus Boden- und Lufttransporten aufgebaut. Dies ermöglichte ihnen, die Prozesskette durchgehend mit IT-Instrumenten zu begleiten und zu kontrollieren. Damit erreichen sie eine Schnelligkeit des Transportes und eine geringe Fehlerrate bei Beschädigungen, Diebstahl und Fehltransporten der Pakete. Zum Erfolg der Paketdienste trug das Marketingkonzept eines vereinfachten, für die Kunden leicht verständlichen Preissystems bei, während traditionelle Carrier (Bahn, LKW, Flugzeug) komplexe Preistabellen mit zahlreichen Sonderregelungen bevorzugten (Schäfer 2019, S. 296). Einfache und übersichtliche Tarifstrukturen und Begleitpapiere, die keine versteckten Zusatzkosten enthielten, sprachen die Kunden an. Der Preis auf dem Inlandsmarkt der USA ist insofern reguliert, als die private Paketdienste mindestens den doppelten Preis der US-Post erheben müssen.

Der Erfolg der Integratoren wird erkauft durch eine wenig flexible Leistungserstellung. Sie haben ein Netz mit festen Flugplänen, und ihre Produkte sind hochgradig standardisiert. Die Luftfrachtspeditionen sind in der Leistungserstellung den Integratoren in den Fällen überlegen, wo es um Flexibilität und um maßgeschneiderte Lösungen für den Haus-zu-Haus-Transport geht. Auch bieten Speditionen logistische Zusatzleistungen an, wie Lagerhaussysteme und Mehrwertdienste.

In der Literatur wird häufig der starke Wettbewerb zwischen den Paketdiensten UPS und FedEx auf dem US-Inlandsmarkt hervorgehoben, wobei die unterschiedlichen Gründungsgeschichten der Unternehmen oft außer Acht gelassen werden (O'Reilly 2000). UPS wurde bereits im Jahr 1905 in den USA als Paketversand mit dem LKW gegründet (Allan 2020; Schäfer 2019, S. 304). Das Unternehmen stand unter dem Einfluss der Teamster-Gewerkschaft, und das Management rekrutierte sich aus ehemaligen LKW-Fahrern. Dabei wurde die erste und letzte Meile von selbstständigen Fahrern bedient.

Während UPS erst in den 1980er-Jahren innerhalb der USA den Flugverkehr aufnahm, wurde Federal Express im Jahre 1973 in den USA von einem Yale-Absolventen gegründet mit dem Ziel, die Langstreckentransporte von Paketen in den USA mit dem Flugzeug zurückzulegen und mit den bodengebundenen Verkehren mit dem LKW für die Abholung der Pakete und die Zustellung zu kombinieren (Schäfer 2019, S. 302). Dazu setzte FedEx angestellte Fahrer ein, um eine hohe Qualität der Leistungserstellung zu sichern. Der Gründer Frederik Smith erkannte die Bedeutung der IT zur Kontrolle der Prozesskette als erster in der Logistikindustrie. Erst im Jahre 1999 ergänzte FedEx seine Produktpalette um bodengebundene Langstreckenverkehre von Paketen mit dem LKW innerhalb der USA. Es kaufte das Mutterunternehmen der Firma Roadway Package System (RPS) und integrierte es als FedEx Ground mit selbstständigen Fahrern für die erste und die letzte Meile.[1] Fedex konnte damit flexibel zwischen den Versandarten

---

[1] www.fedex.com/en-us/about/history.html, O'Reilly 2000.

LKW und Flugzeug wählen, wenn es z. B. um eine Sendung vom FedEx-Knoten Oakland nach Los Angeles ging (Eastman 1992). Bei der Integration von RPS hob FedEx den Qualitätslevel des ehemaligen RPS-Netzwerkes an (O'Reilly 2000).

Der Internethandel, auch E-Commerce, richtet sich an die Konsumwünsche der Endkunden und hat in den vergangenen Jahren, insbesondere durch geändertes Verhalten der Konsumenten in der Covid-Krise, ein enormes Volumen erreicht mit den entsprechenden Auswirkungen auf ein rapide wachsendes Luftfrachtvolumen. Im Jahre 2021 erreichte der Umsatz in China 2 Billionen US $, in den USA 950 Mrd. US $ und in Europa 500 Mrd. US $.[2] Die großen Internethändler, wie Alibaba in China und Amazon in den USA, richten eigene Flotten von Frachtmaschinen für die Luftfracht ein und wickeln damit Transporte außerhalb der etablierten Airlines ab. Auch innerhalb von Europa fliegt eine Flotte von Frachtmaschinen von Amazon. Diese Gesellschaft hat im Jahre 2022 eine Umschlagsanlage für Luftfracht am Flughafen Leipzig eingerichtet.[3]

Das rapide steigende Luftfrachtvolumen durch E-Commerce generiert Umsätze für die Expressdienste bei Lieferungen von Paketen aus Asien nach Europa oder aus Asien nach Nordamerika. Für die auf General Cargo ausgerichteten Airlines bedeutet dieser Zuwachs an Paketsendungen aber einen Nachteil, da durch Umverpackungen der Originalartikel im Paket ein Volumenzuwachs erfolgt, der ein ungünstiges Volumen-Gewichtsverhältnis bedingt, für das die Airlines nur niedrige Preise erlösen können, zumal sie wegen der gebrochenen Verkehre im Vor- und Nachlauf (erste Meile, letzte Meile) Lieferzeiten von 6 Tagen aufweisen. Um diese ungünstige Erlössituation im Vergleich zu den Expressdiensten zu verbessern, streben die Airlines an, Vor- und Nachläufe aus einer Hand auf eigenen Plattformen anzubieten. So gründeten British Airways die Plattform Zenda, die Lufthansa die Plattform Heyworld und Emirate Airlines die Plattform Emirate Delivers. Für Paketlieferungen aus den USA nach Europa kann Zenda eine Laufzeit von 4 Tagen garantieren bei einem halben Preis einer Lieferung durch Expressdienste (Knowler 2019).

8.1   Der Integrator Federal Express

Als Gründer von Federal Express vermittelte Frederick Smith der internationalen Logistikindustrie grundlegende Innovationen und Orientierungen und stieg zu deren Ikone auf. Er führte das Geschäftsmodell mit den Zielen Speed und Quality ein und koppelte als erster den Paketstrom mit dem Informationsstrom. Im Jahr 1965 arbeitete er in einer Seminararbeit an der Universität Yale die Unzulänglichkeiten des

---

[2] Boeing 2022, S. 10.
[3] Pressemitteilung Flughafen Leipzig vom 17. November 2022.

Liniensystems der Luftfrachtunternehmen heraus und analysierte den unbefriedigten Bedarf der verladenden Wirtschaft in den Sektoren Medizin und IT nach schnellen Inlandstransporten per Luftfracht. Gestützt auf ein Venture-Capital-Investment von 80 Mio. Dollar plus 52 Mio. Dollar baute Smith im Jahr 1973 mit seiner Firma Federal Express einen Übernacht-Paketdienst per Luftfracht in den USA auf. Für die USA mit ihren großen Entfernungen war das Angebot eines Übernacht-Paketdienstes, der wichtige Großstädte verbindet, neu und revolutionär. Smith verfolgte das innovative Ziel, sein Paketnetzwerk mit einem zentralen Sortierstern (Hub and Spoke) am Flughafen Memphis auszustatten. Zunächst bot er seinen Service nur in zwölf Städten an der Ostküste und im Mittleren Westen an. Die Flugzeuge starteten abends, beladen mit Paketen, in Richtung Memphis. Dort wurden die Pakete entladen, nach Zielorten sortiert und wieder in die wartenden Flugzeuge eingeladen. Diese flogen dann um 2 Uhr am Folgetag zu ihrem Ausgangsflughafen zurück. Frederick Smiths Sortierkonzept war kontraintuitiv, da ein Paket von New York in das nahe gelegene Boston den Umweg über Memphis nahm (FedEx 1998).

Das sternförmige Sortierkonzept im Knotenpunkt Memphis hatte seinen Vorläufer im Poststern in Frankfurt am Main, wo seit 1961 nachts die von Flugzeugen transportierte Briefpost der Bundesrepublik Deutschland umgeschlagen wurde, was die Frage aufwirft, warum die Post nicht auch Pakete über den Poststern hat laufen lassen. Der Begriff „Sortierstern" wurde erstmals 1987 von Wilfried Schumacher (1987) geprägt.

Federal Express startete seinen Service im Jahre 1973 mit 14 kleinen Falcon Jets und nahm eine wichtige Rolle ein beim Lobbying um die Deregulierung der Luftverkehrsmärkte in Washington D.C. (FedEx 1998, S. 62). Nachdem Präsident Carter den Luftverkehr in den USA im Jahre 1977 dereguliert hatte, konnte Federal Express größere Flugzeuge (Boeing 727 und McDonnell-Douglas DC-10) nutzen, um dem starken Wachstum des Paketaufkommens gerecht zu werden. Federal Express benötigte nach der Gründung 1973 zwei Jahre, um profitabel zu werden (FedEx 1998, S. 60). Gegen die Regulierung des LKW-Verkehrs durch die Interstate Commerce Commission (ICC) mußte sich Federal Express mit einer weiteren Lobbyaktion in Washington wehren. Das ICC gestatte FedEx lediglich, im Umkreis von 25 Meilen um einen Flughafen Pakete per LKW zu sammeln oder zu verteilen. Präsident Carter hob diese Regulierung mit dem Motor Carrier Act im Jahre 1980 auf (Fisch 2019). Die Lobbyerfolge von FedEx belegen sehr gut die These von Daron Acemoglu und James Robinson (2014) von der Dezentralisierung ökonomischer Macht des Staates durch parlamentarische Prozesse. Einen dritten Erfolg im Kampf gegen staatliche Regulierung errang Federal Express, als es im Jahre 1991 vor Gericht erfolgreich die Auflagen der kalifornischen Behörde für Straßensicherheit bekämpfte, welche den Langstrecken Lkw-Verkehr von Federal Express in Kalifornien unterbinden wollte (Fisch 2019, S. 1531, Eastman 1992).

Federal Express beschäftigte zu Beginn des Jahres 1988 bereits 50.000 Mitarbeiter und setzte 17.000 Bodenverkehrsfahrzeuge und 155 Flugzeuge ein. Der Umsatz betrug 1987 3,1 Mrd. Dollar. Im Jahre 1988 kaufte FedEx für 850 Mio. Dollar die Frachtgesellschaft Flying Tiger und integrierte sie, wobei aber Reibungspunkte auftraten, da das Personal von Flying Tiger gewerkschaftlich organisiert war. Federal Express erhielt durch Flying Tiger zahlreiche Landerechte in den Flughäfen von Asien und Europa, u. a. Zugang zum hochgradig abgeschotteten Flughafen Hong Kong, und konnte damit seine Marktstellung sehr stark ausbauen (DVZ vom 1.4.1989, S. 7; FedEx 1998, S. 79).

Die Firma Federal Express verbuchte weiterhin sehr große Wachstumsraten. Sie schlägt die Sendungen u. a. in der zentralen Umschlagshalle in ihrem Welt-Hub Memphis mit 140.000 m^2 Lagerfläche um. Dort wurden im Jahre 2025 monatlich über 5000 Flugzeuge abgefertigt und täglich 1,5 Mio. Sendungen sortiert. Federal Express betrieb im Jahre 2025 mit mehr als 450 Flugzeugen die größte private Luftflotte, die weltweit 220 Flughäfen anflog und täglich ein Paketvolumen von 8,5 Mio. Sendungen transportierte.[4] Nach der umgeschlagenen Menge an Luftfracht in Tonnen stand Memphis Jahrzehnte lang an der Spitze aller Flughäfen weltweit, was die hohe Bedeutung des Logistik-Dienstleisters Federal Express in den USA und weltweit unterstreicht. Im Jahre 2025 erreichte der Flughafen Memphis mit 3,7 Mio. t Luftfracht nach IATA-Angaben den Platz 3 der Top 10 Flughäfen. An der Spitze stand im Jahre 2025 der Flughafen Hong Kong mit 4,9 Mio. t, siehe Tab. 8.1.

8.2   Perishable Center

Das Segment der verderblichen Ware umfasst neben gekühlten Pharmaprodukten Schnittblumen, Gemüse, Früchte, Süßwasserfische und Meerestiere (Schäfer 2019, S. 43). Dieses Segment ist am Flughafen Frankfurt von hoher Bedeutung. Das Perishable Center am Flughafen Frankfurt, an dem die Nagel Group mit 50 % beteiligt ist, gibt auf seiner Webseite einen Jahresdurchsatz von 120.000 t an, die aus Afrika aber auch aus Lateinamerika importiert und in gekühlten Räumen umgeschlagen werden. Dies entspricht 6 % der in Frankfurt umgeschlagenen Menge an Luftfracht. So erreichen Kirschen aus Chile und Spargel aus Peru im Winter die Endkunden in Europa. Die Lagerhäuser des Perishable Center Frankfurt (PCF) dienen als Zoll-Außengrenze für Importe aus Nicht-EU-Ländern. Die Integration von Zoll, Zertifizierungsstellen und Lebensmittelüberwachung in das PCF ermöglicht

---

[4] Luke Diaz: Fedex modernizing fleet, in: simpleflying.com, 9 November 2025.

kurze Durchlaufzeiten. Das PCF stellt diese Koordination auf seiner Webseite wie folgt dar:

> „Nach der Ankunft der Produkte am Frankfurt International Airport erfolgt umgehend die Qualitätskontrolle durch Veterinäramt, Pflanzenschutzbehörde und Bundesamt für Landwirtschaft und Ernährung, BLE. Die Behörden führen die Wareninspektionen direkt im PCF durch. Das PCF verfügt über das Zertifikat IFS-Logistic Version 1 mit dem Prädikat „Higher Level" (+ 95 %). Im Lebensmittelbereich ist IFS-Logistic führender Qualitätsstandard in der Lebensmittelsicherheit. Die strengen Vorgaben zur Qualitätssicherung erfüllen wir im PCF. Darüber hinaus hat uns das Institut für Marktökologie, IMO-Control, als Zertifizierungsstelle gemäß Öko-Kontrolle nach Verordnung (EG) Nr. 834/2007, das Zertifikat Bio/Öko erteilt. Das erlaubt uns als Erstempfänger in der Europäischen Union, Bio-/Öko-Importe einzulagern, umzuschlagen und zu kommissionieren."

Die Ware aus dem Perishable Center Frankfurt wird entweder mit LKWs in Europa weiter verteilt oder in gekühlten Luftfrachtcontainern innerhalb von Europa im Belly als Luftfracht weiter transportiert. Ein Transport dieser Ware auf Intercont-Flügen nach Amerika oder Asien erscheint dagegen abwegig, da diese Kontinente andere Bezugsquellen für verderbliche Ware als Afrika besitzen. Die USA beschaffen etwa Schnittblumen aus Mittelamerika. Auf der Webseite des PCF wird europäischer Zuchtlachs als Exportartikel genannt.

Die Dimensionen des Schnittblumenimports zum Valentinstag am 14. Februar werden anhand der logistischen Vorbereitungen wie folgt erläutert. Die Frachtflugzeuge der Lufthansa Cargo, die zum Valentinstag aus Südamerika und Afrika in Frankfurt landen, haben laut Lufthansa vor allem langstielige Blumen an Bord, die pünktlich zum 14. Februar die Geschäfte in Europa erreichen müssen. Insgesamt transportiert Lufthansa Cargo in diesen Tagen mehr als 1200 t Rosen nach Frankfurt. Das entspricht rund 34 Mio. Valentinsrosen oder 14 vollen Frachtflugzeugen vom Typ MD-11. LH Cargo schreibt:

> „Die größten Produzenten von Schnittblumen findet man unter u. a. in Kenia, Ecuador und Kolumbien. Diese Länder verbindet Lufthansa Cargo mit ihren Frachtflugzeugen mehrmals pro Woche mit ihrem Drehkreuz am Frankfurter Flughafen. Der Transport der sensiblen Fracht verlangt ausgeklügelte und schnelle Transportlösungen, damit die Rosen am Valentinstag und auch Tage danach noch taufrisch aussehen. Im kenianischen Hochland werden die Blumen morgens von den Rosenfarmern geschnitten und anschließend in die Hauptstadt Nairobi transportiert. Über Nacht erfolgt dann die zügige Weiterreise nach Frankfurt an Bord eines … Frachtflugzeugs der Lufthansa Cargo. Auch der Aufenthalt am Frankfurter Flughafen ist nur

kurz: Nach der Landung geht es meist innerhalb weniger Stunden per LKW oder Weiterflug zu den Empfängern in ganz Europa."[5]

Der Flughafen von Nairobi hat sich zu einem großen Standort für Luftfracht in Afrika entwickelt. Die Luftfracht im Export wuchs dort von 198.000 t im Jahre 2015 auf 306.000 t im Jahre 2024.[6] Der Bodenabfertiger Swissport hat dort eine Kühlkette von den Blumenfeldern im Hochland von Kenia bis zum Aufbau von Luftfrachtpaletten am Flughafen eingerichtet, wo pro Woche 400 t Blumen verladen werden, zum Valentinstag sogar 600 t.[7] Der fossile Kapitalismus emanzipierte mit seinem Energieangebot die Vegetationsperiode von den Jahreszeiten und bot der Bevölkerung in den Industriestaaten bereits vor dem Zeitalter der Luftfracht im Winter blühende Blumen von der Blumenriviera um San Remo an. Die Blumen wurden in Postpaketen innerhalb eines Tages mit der Eisenbahn in die europäischen Hauptstädten befördert (Beintker 1913, S. 660). Die Fluglinie IAG Cargo importiert Frischware aus Lateinamerika in das Perishable Center auf dem Flughafen Madrid. Frachterverbindungen bringen diese von Madrid zum Flughafen Brüssel, von wo aus die Feinverteilung per LKW nach Nord- und Westeuropa vorgenommen wird.[8]

Die von sonnenhungrigen Briten genutzte Strecke London-Miami kann auf dem Rückflug zugleich Frischeprodukte im Belly zu niedrigen Raten befördern. Das hohe Angebot an Belly-Kapazität auf dieser Stecke erklärt, wieso 50 t Frischeprodukte, wie Gemüse oder Schnittblumen, vom Carrier American Airlines (AA) aus Lateinamerika über den AA-Frische-Hub Miami wöchentlich im Belly nach London geflogen werden. Nach dem Brexit von Großbritannien kann die Ware nicht mehr, wie zuvor, von London kurzfristig nach Amsterdam getruckt werden, um dort konkurrenzfähig mit Frischeprodukten aus Kenia zu sein.[9]

---

[5] Lufthansa Cargo, Pressemitteilung vom 9. Februar 2011. Für den Import von Schnittblumen aus Mittelamerika in die USA und von Lachs aus Chile in den USA siehe Funkenstein 2013.

[6] Kenya National Survey, Nairobi 2020, S. 219 und 2025, S. 322.

[7] Air Cargo News, 1. August 2011. Brett 2024b.

[8] Journal of Commerce, 13. Mai 2011. https://www.iagcargo.com/en/press/iag-cargo-reports-growth-in-perishable-volumes-as-global-demand-for-fresh/.

[9] Daten aus dem AA-Büro Amsterdam. Für Spagel aus Lima beträgt die Flugstrecke Lima – Miami 4170 km, und die Flugstrecke Miami – London 7080 km. Die Flugstrecke Nairobi – Amsterdam beträgt 6950 km.

Die Rolle der Luftfracht während der Covid-Krise 2020 bis 2022

9

Das stetige Wachstum der Luftfahrt in den 2010er-Jahren wurde zu Beginn des Jahres 2020 durch die Corona-Krise jäh beendet. Die Auswirkungen auf den Flugverkehr waren drastisch. So fielen die verkauften Personenkilometer (RPK) im Jahr 2020 um 66 % gegenüber 2019 und im Jahr 2021 um 58 % gegenüber 2019. Die Fluggesellschaften stellten internationale Verbindungen ein, und die Flughäfen schlossen einen großen Teil ihrer Verkehrsbereiche. Auf den verbliebenen Relationen im Personenverkehr berichteten die Airlines von Problemen, die Pflicht zum Tragen von Schutzmasken in der Kabine unter den Passagieren durchzusetzen. In den Kabinen kam es daher vermehrt zu Tumulten.[1] Während im Personenverkehr die Covid-Krise zu einem Ausfall der Verbindungen führte, war der Effekt im Frachtbereich umgekehrt. Hier stieg die Nachfrage nach Kapazität drastisch. Der Ausfall im Personenverkehr bedeutete nämlich auch den Ausfall der Kapazität in der Belly Fracht, die bei rund 50 % der gesamten Luftfrachtkapazität besteht.

Beschäftigungslose Passagiermaschinen wurden zu Nur-Frachtern umgenutzt („P-Freighter"). Fracht durfte nur mit Genehmigung der Zivilluftfahrtbehörden auf Sitzen von Passagiermaschinen transportiert werden. Weitere Genehmigungen waren erforderlich, wenn Fluggesellschaften beschließen, Sitze auszubauen. Außerdem mussten die Beförderung gefährlicher Güter in der Passagierkabine und die Gewichtsbeschränkungen für die Gepäckfächer oberhalb der Sitze berücksichtigt und genehmigt werden. Die Nutzung der Passagierkabine für die Beförderung von Fracht erfordert Vorkehrungen, insbesondere bei großen Mengen. So können etwa 1000 bis 1500 zusätzliche Packstücke untergebracht werden. Der

---

[1] Iata 2021, S. 6.

© Der/die Autor(en), exklusiv lizenziert an Springer Fachmedien Wiesbaden GmbH, ein Teil von Springer Nature 2026
R. Vahrenkamp, *Luftfracht in globalen Netzwerken*, essentials,
https://doi.org/10.1007/978-3-658-51356-6_9

Transport durch die Passagiertüren und das Verpacken stellen jedoch weitere Hindernisse dar, die nur mit einer Menschenkette überwunden werden können.[2]

Im Transportsektor löste die Corona-Krise multiple Folgekrisen aus. Die großen Seefracht-Exporthäfen in China waren aufgrund der Corona-Restriktionen teilweise geschlossen, sodass die Versender einen Teil der Sendungen vom Seeweg auf den Lufttransport verlagerten. Im Vergleich zu den Frachtraten im Ozeantransport stiegen die Frachtraten im Luftverkehr stark an, und zwar auf das 28-Fache (Boeing 2022, S. 6). Die Luftfracht von Südostasien in die USA bzw. nach Europa erhielt zudem einen besonderen Nachfrageimpuls, als die Konsumenten während der Corona-Krise ihre Präferenzen änderten. Aufgrund der Isolierung in ihren Wohnungen wurden vermehrt in Asien produzierte Konsumgüter der Unterhaltungselektronik sowie Notebooks für die Nutzung im Homeoffice-Bereich über E-Commerce-Kanäle geordert. Die Luftfracht lag im Jahr 2022, gemessen in RTK, um 6,9 % über dem Vor-Corona-Jahr 2019.[3]

Die Staaten und die Luftfahrtorganisationen versuchten, durch Vereinfachung von Lizensierungen den Flugverkehr insbesondere im Frachtbereich aufrechtzuerhalten. Die IATA arbeitet mit der ICAO zusammen, um die Regierungen weltweit zu veranlassen, die notwendigen Schritte zu unternehmen und die globale Logistik zu unterstützen. Die Airlines erhielten im Jahre 2020 Subventionen von den Regierungen im Wert von 14 % der Einnahmen des Jahres 2019 im weltweiten Durchschnitt. In Nordamerika betrugen die Subventionen 25 % und in Europa 15 %. Das Slot-Regime auf den Flugplätzen von Europa wurde von der Europäischen Kommission aufgeweicht, sodass die Airlines ihre Slots in Europa behalten konnten, auch wenn sie gar keine Starts vorgenommen hatten. So wurden Leerflüge vermieden, nur um das Anrecht auf den Slot zu behalten.[4] Ferner wurden verschiedene Testpflichten für die Crews gelockert, und die Crews wurden als essenzielles Personal eingestuft. Die ICAO erließ die Covid-19 Contingency Related Differences, um Abweichungen von der Zertifizierung und Lizensierung zu erlauben.[5] Der Luftfrachtverkehr erhielt in der Covid-Krise eine krisenbedingte zusätzliche Bedeutung, da er der einzige Kanal war, um schnell Impfstoffe und Schutzmasken auf weltweit 120 Staaten zu verteilen, wobei bloß acht Staaten Standorte für die Produktion der Impfstoffe aufwiesen. In ihren Pressemitteilungen hoben die verschiedenen Airlines stolz hervor, welche Mengen an Impfstoff sie in kürzester Zeit weltweit verteilt haben. Glynn Hughes, der Leiter der Abteilung Air Cargo der

---

[2] Iata 2020, S. 29.

[3] Iata (Hg.): Annual Review 2022.

[4] Iata, S. 26.

[5] Iata 2021, S. 19.

IATA, schätzte im September 2020, dass für die weltweite Verteilung von 8 Mrd. Dosen Impfstoff die Frachtkapazität von circa 8000 Jumbo-Jets Boeing 747 erforderlich würde.[6] Für die Bodenabfertigung an den Airport mussten zur Verteilung der Impfstoffe einheitliche Prozesse geschaffen werden. Die Bodenabfertiger erhielten Lizenzen für gute Praxis in der Distribution („GDP"). Einrichtungen für die Kühlung des Impfstoffes an den Airport mussten in kürzester Zeit geschaffen werden.

Im Jahre 2022 wurde Hongkong wieder für den Tourismus geöffnet, und in diesem Jahr ließ die Anspannung im Frachtbereich etwas nach. Die Frachtraten fielen von ihrem Spitzenwert im Jahre 2021 von $6,60 pro Kilogramm auf der Relation China–Europa beziehungsweise von $8,75 pro Kilogramm auf der Relation China–USA um 15 % beziehungsweise 35 %.[7] Der Beginn des Krieges von Russland gegen die Ukraine im Februar 2022 besaß auch Folgen für die Fracht-Verkehre von Asien nach Europa, die kriegsbedingt das russische Herrschaftsgebiet nicht mehr überfliegen konnten, sondern Umwege in Kauf genommen werden mussten. Lufthansa Cargo gab den Verlust an Kapazität durch diese Umwege von 10 % an.[8]

---

[6] Rachelle Harry: Air Cargo sector must act now to overcome the challenges of vaccine distribution, in: Air Cargo News, 10. September 2020.

[7] Air Cargo World, 20.10.22.

[8] DVZ 8. März 2022.

Die Umweltbelastung durch Flugverkehre

10

Wenn man die Prognosen über die Entwicklung des Luftverkehrs die verschiedenen Akteure betrachtet, so fällt auf, dass für die Jahre bis 2040 die meisten Akteure Wachstumsraten in der Größe von 3 % bis 4 % pro Jahr, in der Spitze sogar 4,6 %, unterstellen.[1] Wenn man die Wachstumsrate von 4,0 % unterstellt, so würde sich bis 2040 die Zahl der Passagiere vom Basisjahr 2019 mit 4,5 Mrd. Passagieren auf gut 10 Mrd. Passagiere mehr als verdoppeln. Wie die Deutsche Verkehrszeitung anlässlich der Air Cargo Europe Conference in Frankfurt a. M. 2025 besorgt feststellte, könnte bei diesem Wachstum zum Jahre 2050 ein Air Cargo Volumen weltweit von 240 Mio. t gegenüber 60 Mio. t 2019 erwartet werden (DVZ vom 31. Mai 2025).

Die Luftfahrtindustrie steht wegen dieses Erwartungshorizontes, insbesondere hinsichtlich Lärmemissionen und CO_2-Emissionen, in der Kritik. Wie Chris Welsh, der damalige Sekretär der Global Air Cargo Advisory Group, mitteilte, ergibt ein Tonnenkilometer Luftfracht einen CO_2-Fußabdruck von 540 g, während es bei der Schifffahrt 15 bis 21 g sind (Welsh 2011, S. 12). Konkret bedeutet dies, dass bei einem Luftfrachttransport von einer Tonne auf der 11.200 km langen Strecke von Hongkong nach Los Angeles ein CO_2-Fußabdruck von sechs Tonnen entsteht – also das Sechsfache des Transportgewichts. Ein 600 g schweres Apple-Tablet verursacht auf diesem Flug einen CO_2-Fußabdruck von 3,6 kg. Der Ansatz von Welsh ist jedoch vereinfacht, da der CO_2-Fußabdruck von Berechnungsmodellen abhängt, in welche die Flugrouten, der Flugzeugtyp und der Anteil von Belly-Fracht einfließen.

---

[1] IATA WATS 2020, S. 43.

Die IATA versucht, sich der Kritik an den Umweltbelastungen durch den Flugverkehr zu stellen, indem sie auf leisere Triebwerke, steigende Treibstoffeffizienz und alternative Treibstoffe verweist.

LH Cargo konnte den CO_2-Fußabdruck für eine Tonne Luftfracht durch Gewichtsreduzierung der Container von 560 g pro Tonnen-Kilometer im Jahre 2001 auf 510 g mit MD11-Frachtern im Jahre 2010 senken.[2] Weitere technische Verbesserungen der Flugzeuge, wie z. B. eine Außenhaut mit weniger Luftwiderstand, senkte den CO_2-Fußabdruck auf 262 g Treibstoff pro Tonnen-Kilometer (einschließlich Passagiere und Koffer) als Durchschnitt der gesamten Lufthansa-Gruppe im Jahre 2024, was einem CO_2 Fußabdruck von 589 g pro Tonnen-Kilometer entspricht.[3]

Der durch Flüge von Frachtflugzeugen erzeugte CO_2-Fußabdruck ist nicht einfach festzustellen, da dazu keine Veröffentlichungen vorliegen. Es fehlen Tabellen, die den Treibstoffverbrauch und damit den CO_2-Footprint für die jeweiligen Flüge darstellen, gegliedert nach Entfernungen und der beförderten Fracht in Tonnen für einzelne Frachtflugzeuge. Dies ist ein Desiderat der verkehrswissenschaftlichen Forschung. Die Organisation Stand Earth hat ermittelt, dass 93 Mio. t CO_2 durch den weltweiten Verkehr von Nurfrachtern im Jahr 2023 erzeugt wurden (Brett 2024a). Dividiert man diese Zahl durch die von Nurfrachtern im Jahr 2023 erzeugte Verkehrsleistung von 157 Mrd. Tonnenkilometern (Boeing Forecast 2024, S. 4), erhält man den Wert von 592 g CO_2 pro Tonnenkilometer beim Transport durch Nurfrachter. Dieser Wert kommt dem von Chris Welsh im Jahr 2011 angegebenen Wert von 540 g nahe.

Für einzelne Frachter kann man den von den Herstellern angegebenen Treibstoffverbrauch pro Stunde auf eine Strecke von 4000 km umrechnen und erhält damit die CO_2 Belastung dieses Fluges unter Annahme von dem Transport des Maximalgewichtes. Zusätzlich zu dem so ermittelten Verbrauch sollte man zwei Tonnen Treibstoff für den Steigflug und 4 t Reserve hinzuaddieren. Allerdings sind die so ermittelten Werte Durchschnittswerte, da der Treibstoffverbrauch stark von den Windbedingungen abhängt. Für eine Boeing 777-300ER gibt die Zeitschrift Simply Flying den Wert von 6,8 bis 7,1 tons pro Stunde an Treibstoffverbrauch an mit einer Geschwindigkeit von 560 mph (Kylie 2025).

Die Anstrengungen der Airlines, den CO_2-Fußabdruck zu reduzieren, sind zwar anerkennenswert, im Ergebnis jedoch unzureichend, um den Anstieg der Flugleistung mit CO_2-Einsparungen zu übertreffen, sodass der CO_2-Ausstoß weiter ansteigt. So stieg die Flugleistung der Flugzeuge der Lufthansa Group seit 1991 um

---

[2] Geschäftsbericht LH Cargo 2010, S. 31.
[3] Lufthansa Sustainability Fact Sheet 2024, S. 13.

399 %, der Treibstoffverbrauch aber immerhin noch um 193 %.[4] Das Wachstum besteht jedoch fort, da die Wachstumsprognosen bis 2040 von jährlichen Steigerungen der Flugleistung um 4 % ausgehen. Das Bemühen, erhöhten Umweltanforderungen gerecht zu werden, ist in den Jahresberichten der IATA, den World Air Transport Statistics (WATS), seit dem Jahr 2010 sichtbar. In den Berichten vor 2010 taucht der Umweltschutzgedanke hingegen noch gar nicht auf. Seit 2020 wird der Umweltgedanke ganz prominent als ein Hauptpunkt in den WATS-Berichten referiert. Erwähnt werden in den Publikationen die folgenden vier Punkte, um dem Umweltschutz gerecht zu werden: Entwicklung nachhaltiger Treibstoffe SAF, die Teilnahme am Zertifikatshandel von CO_2-Emissionsrechten, die im Englischen auch als Offsetting bezeichnet werden, und technischem Fortschritt mit höherer Effizienz der Triebwerke und der Entwicklung leichterer Flugzeuge. An diesen Positionen der Luftfahrtindustrie ist zahlreiche Kritik geübt worden und bezweifelt worden, ob das Offsetting effektiv ist und ob die großen Mengen an SAF überhaupt produziert werden können (Köves und Bajmócy 2022; Fischer 2022).

---

[4]Lufthansa Sustainability Fact Sheet 2024, S. 13.

Der Aufstieg von Dubai komplementär zur Logistikschwäche Indiens

11

Den Aufstieg von Dubai im Luftverkehr kann man mit einem Vergleich zum nahe benachbart gelegenen Indien erklären. Zunächst fällt die Logistikschwäche Indiens in allen Dimensionen bei der Abwicklung von Warenströmen auf. Folgende Schwachpunkte in der Logistikwirtschaft Indiens können ausgemacht werden:

- Das riesige Land weist nur einen Autobahnring von Delhi nach Kalkutta, Chennai, Mumbai und Delhi von 6500 km Länge auf. China besitzt dagegen ein Autobahnnetz von 65.000 km. Die Landstraßen sind in Indien lediglich für schwache Achslasten ausgelegt und können nicht mit 40 t-LKW befahren werden.
- Stückgutnetzwerke von Speditionen sind nicht vorhanden.
- Hohe Logistikkosten wegen eines großen Mangels an Lagerhäusern.
- Die Transferzeiten vom Containerhafen Mumbai zum Eisenbahnterminal belaufen sich auf 3 bis 4 Tage, 17 Zolldokumente werden benötigt. Die Verzollung dauert 4 bis 8 Tage.[1]
- Auffallend ist, dass unter den Top20 Frachtflughäfen der Welt kein indischer Flughafen aufzufinden ist, was die Schwäche von Indien in der Logistikwirtschaft anzeigt, ebenso wie die Tatsache, dass die indische Airline Air India bloß auf Platz 50 bei der internationalen Fracht (im Vergleich zu Platz 2 von Emirates) steht.[2] Die Infrastruktur der Flughäfen Indiens ist mangelhaft. Auf den Flughäfen fehlen Lagerhäuser. Ware wird im Freien unter Plastikfolien gelagert.[3]

---

[1] DVZ 15.11.2011 und 11.10.2011.

[2] IATA WATS 2011, S. 88.

[3] DVZ 15.11.2011.

Im Jahr 2019 generierte Indien weit weniger zusätzliche Inlandsflüge als China und die USA. Selbst das vergleichsweise kleine Land Vietnam generierte im Jahr 2019 mehr zusätzliche Passagierflüge. Mit 5 Mio. neu generierten Flügen im Jahr 2019 nimmt Vietnam den dritten Platz ein, hinter China mit 30 Mio. und den USA mit 26 Mio. zusätzlichen Inlandsflügen. Indien generiert dem gegenüber bloß 3 Mio. zusätzliche Inlandsflüge. Obwohl Indien von der Einwohnerzahl her vergleichbar mit China ist, ist demnach der Inlandsmarkt für Flüge weitaus weniger entwickelt als der von China (WATS 2020, S. 2).

Die logistische Schwäche von Indien erklärt den Aufstieg der Logistikwirtschaft der Emirate, von wo aus in wenigen Flugstunden der Konsumbedarf von zwei Milliarden Menschen befriedigt werden kann.[4] Unternehmen aus der ganzen Welt nutzen die Emirate als Vertriebsstätte ihrer Produkte für den mittleren Osten. Abb. 11.1 zeigt, wie von Dubai aus der indische Subkontinent mit mehr als einer Milliarde Konsumenten innerhalb von fünf Flugstunden für die Konsumgüterdistribution erreicht werden kann. Wäre Indien in der Vergangenheit logistisch stärker gewesen, hätte Mumbai die Position von Dubai einnehmen können mit einem Sea-Air-Umschlag und einem Hub für den Luftverkehr.

Der Aufstieg der Emirates Airline und der Quatar Airline in den vergangenen 20 Jahren kann zusätzlich mit vier Faktoren erklärt werden. Erstens die hohen Subventionen der Erdöl fördernden Emirate am Persischen Golf. Zweitens kann ein Langstreckenflug von Europa nach Asien unterbrochen werden durch einen Stopp in den Emiraten und Weiterflug unter einer Flugnummer der Emirate. Diese Politik spart Treibstoff und ermöglich so günstigere Preise. Die zusätzlichen 40 t Treibstoff, die für einen Flug von den Emiraten nach Fernost nötig sind, müssen nicht in Europa für den Flug von Europa zu den Emiraten getankt werden. Dadurch sinkt der Treibstoffverbrauch auf dem Flug von Europa zu den Emiraten. Drittens erklärt die Schwäche der Airlines in Indien den Aufstieg Dubais. Indien konnte nicht den einen Milliarden Menschen umfassenden Markt für Luftfahrt zureichend entwickeln. Air India war vor der Privatisierung eine Staatsairline mit bekannt schlechtem Service. In diese Lücke sind die Airlines der Emirate gesprungen. Der Aufstieg der Emirate im Luftverkehr kann also komplementär zur Logistikschwäche von Indien begriffen werden. Viertens baute Dubai einen Sea-Air-Umschlag am Hafen von Dubai auf. Containerladungen aus Fernost gelangen kurzfristig vom Hafen zum nahe gelegen Airport Dubai, werden dort auf Luftfrachtpaletten umgepackt und als Luftfracht weiter nach Europa versandt. Durch unpaarige Verkehre konnte Dubai große Kapazitäten an Frachtraum nach Europa anbieten. Der Sea-Air-Verkehr besaß im Jahre 1988 einen Anteil von 20 % an der ausgehenden Luftfracht

---

[4]Zum Flughafen Dubai siehe Epping 2009, S. 339.

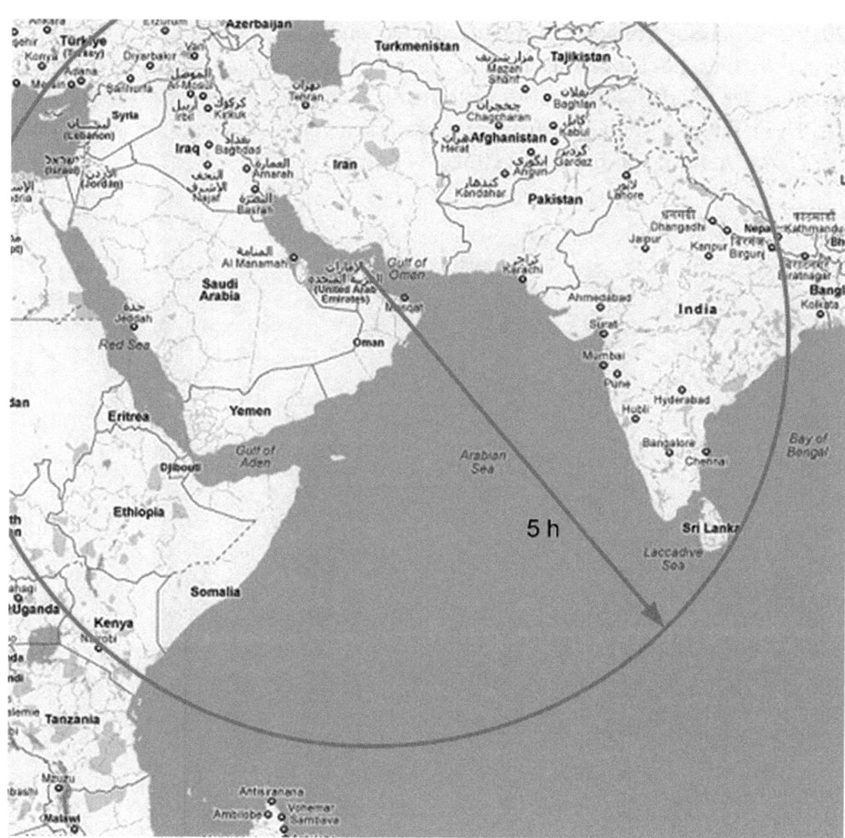

Abb. 11.1 Dubai überdeckt den indischen Subkontinent innerhalb von fünf Flugstunden. (Quelle: Karte nach Google Maps)

von Dubai.[5] Im Jahre 2023 stieg der Sea-Air-Verkehr von Dubai nach Europa wegen der Anschläge auf die Schifffahrt im Roten Meer sprunghaft an.[6]

Wie Abb. 11.1 zeigt, leben im Umkreis von fünf Flugstunden vom Flughafen Dubai aus gesehen zwei Milliarden Konsumenten. Sie können per Luftfracht mit hochwertigen Konsumgütern und eiligen Medikamenten versorgt werden. Dies spielte besonders in der Corona-Krise eine Rolle. Indien transportierte im Jahr

---

[5] DVZ vom 10. Oktober 1989, S. 3, 11. Zum Sea-Air-Verkehr siehe Vahrenkamp 2014.
[6] Presseerklärung vom 21.12.2023 Spedition Hellman.

2019 272 Tausend Tonnen Luftfracht nach Dubai. Im selben Jahr flogen aus Indien direkt 78 Tausend Tonnen nach Deutschland.[7] Dieses zeigt die besonders starke Stellung des Flughafens Dubai in der Luftfracht an. Die Emirate sandten im Jahre 2019 134 Tausend Tonnen Luftfracht nach Indien von insgesamt 1,66 Mio. t Luftfracht, die von den Emiraten ausgeflogen wurden.[8]

---

[7] IATA (Hg.): WATS 2020, S. 75.
[8] Ebenda, S. 24–26.

Was Sie aus diesem *essential* mitnehmen können

- Überblick über zentrale Warengruppen im Luftfrachtgeschäft
- Wichtigste Akteure der Luftfracht, ihre Rollen sowie die historische Entwicklung
- Nutzung von Flugzeugtypen im Frachtverkehr sowie Kooperation zwischen Carriern und Spediteuren, inklusive digitaler Informationsplattformen
- Aktuelle Herausforderungen und Trends

© Der/die Herausgeber bzw. der/die Autor(en), exklusiv lizenziert an 47
Springer Fachmedien Wiesbaden GmbH, ein Teil von Springer Nature 2026
R. Vahrenkamp, *Luftfracht in globalen Netzwerken*, essentials,
https://doi.org/10.1007/978-3-658-51356-6

Literatur

Acemoglu, Daron und James Robinson: Warum Nationen scheitern, Frankfurt 2014.

Allan, Joe: The Package King. A Rank and File History of UPS, Chicago, 2020.

Beintker (ohne Vorname): Zum 50-jährigen Bestehen des Berliner Paket Postamtes, Archiv für Post und Telegraphie, Heft 21, 1913, S: 649–662.

Boeing (Hg.): Boeing World Air Cargo Forecast, Seattle 2010.

Boeing (Hg.): Boeing World Air Cargo Forecast, Seattle 2022.

Boeing (Hg.): Boeing World Air Cargo Forecast, Seattle 2024.

Brett, Demian: Freighter emissions up 25% since 2019, in: Air Cargo News, 24. Juni 2024a.

Brett, Demian: Flower volumes bloom for air cargo, in: Air Cargo News, 14. Februar 2024b.

Brett, Demian: Air cargo sees India's smartphone volumes take off, in: Air Cargo News, 19. Juni 2025a.

Brett, Demian: Air cargo sees laptop demand out of Vietnam surge, in: Air Cargo News, 13. Juni 2025b.

Brian O'Reilly: They've Got Mail!, in: Fortune Vol. 141 (2000), Nr. 3, S. 100–106.

Bundesminister für Verkehr (Hrsg.): Verkehr in Zahlen, Hamburg 2000.

Cho, K. S., Li, G. und Bardell, N.: The current progress being made by U.S. air carriers, in: Aviation, vol. 23, 2020, Heft 4, S. 123–132.

Davies, R.: Airlines of the United States since 1914, London 1972.

Dienel, Hans-Liudger: Flying the flag: European commercial air transport since 1945, London, 1998.

DHL (Hg.): Presseerklärung vom 31. Juli 2024, Bonn.

Eastman, Samuel: Three shots at state economic regulation of interstate motor carriers, in: Russel Capelle (Hg.): Transportation Research Forum, St. Louis 1992.

Elder, Frank: Brighter days ahead. 2012 Cargo Forecast, in: Air Cargo World, November 2011, S. 36–44.

Epping, Verena: Die Übertragbarkeit der „End-of-Runway"-Logistik auf Deutschland, Berlin 2009.

FedEx (Hg.): How Times Flies, Festschrift, Memphis 1998.

© Der/die Herausgeber bzw. der/die Autor(en), exklusiv lizenziert an
Springer Fachmedien Wiesbaden GmbH, ein Teil von Springer Nature 2026
R. Vahrenkamp, *Luftfracht in globalen Netzwerken*, essentials,
https://doi.org/10.1007/978-3-658-51356-6

Fisch, Jill: How Do Corporations Play Politics? The FedEx Story, in: Vanderbilt Law , Volume 58, 2019, Issue 5, S. 1496–1570.

Fischer, Markus: Interview mit dem DLR-Luftfahrtvorstand, in: DVZ 9. November 2022.

Flottau, Jens: Dünne Luft. Boeing und Airbus, München 2012.

Frye, Herbert: Flächenbezogene Optimierung von Luftfrachtterminals, Dortmund 2011.

Funkenstein, Jakob: Luftfrachtaffine Produktionsnetzwerke im lateinamerikanischen Entwicklungsdiskurs: Eine globale Güter- und Wertkettenanalyse, Dissertation Universität Kassel 2012, Marburg: Tectum-Verl., 2013.

Greiner, Andreas: Turbulent Takeoff – Hard Landing: State-Airline Relations and the Challenges of Early Commercial Aviation in Iran, 1923–1932, in: Enterprise & Society (2025), 26: 3, 1085–1111.

Huber, Marie: State Owned success in the Air. Ethiopian Airlines and the multinational Air Afrique in the 1960s and 1970s, in: Zeitschrift für Unternehmensgeschichte, vol. 67, 2022, Heft 2, S. 271–292.

Iata und McMinsey (Hg.): Understanding the pandemic's impact on the aviation value chain, Genf 2022.

Iata (Hg.): Annual Review 2020.

Iata (Hg.): Considerations for Navigating the Restart and Recovery of Air Traffic, 2021.

IATA WATS 2011: Iata (Hg.): World Air Transport Statistic, Toronto 2011.

IATA WATS 2020: Iata (Hg.): World Air Transport Statistic, Toronto 2020.

Jopp, Tobias und Mark Spoerer: Civil aircraft procurement and colonial ties: Evidence on the market for jetliners, 1952–89, in: Journal of Transport History, Volume 45, Issue 3, 2024.

Knowler, Greg: Amazon: Airlines chasing greater access to e-commerce market, in: Journal of commerce, 3. Dezember 2019.

Köves, Alexandra und Zoltán Bajmócy: The end of business-as-usual? – A critical review of the air transport industry's climate strategy, in: Sustainable Production and Consumption, vol. 29, Januar 2022, S. 228–238.

Kylie, Nicole: How Many Miles per gallon does a Boeing 777 Get?, in Simply Flying, Jun 19, 2025.

Osterhammel, Jürgen und Niels Petersson: Geschichte der Globalisierung, München 2003.

Ott, Günther: Pioniere der Verkehrsluftfahrt. Deutscher Luftverkehr 1919–1945, in: 100 Jahre Deutsche Luftfahrt, herausgegeben vom Museum für Verkehr und Technik Berlin, Gütersloh 1991; S. 61–79.

Pompl, Wilhelm: Luftverkehr: Eine ökonomische und politische Einführung, Berlin, 2013.

Rodrigue, Jean-Paul, Claude Comtois und Brian Slack: The Geography of Transport Systems, London 2009.

Rose, Mark H.; Seely, Bruce; Barrett, Paul F.: The best transportation system in the world, Columbus, Ohio 2006.

Schäfer, Joachim: Luftfracht: Akteure – Prozesse – Märkte – Entwicklungen, Wiesbaden: Springer Fachmedien Wiesbaden GmbH 2019.

Wilfried Schumacher: Reaktion der Speditionen auf veränderte Marktstrukturen im Express– und Paketbereich, in: Transportmärkte im Wandel, Hamburg 1987, S. 82–91.

Vahrenkamp, Richard: Globale Luftfrachtnetzwerke – Laufzeiten und Struktur, Igel Verlag, Hamburg 2014.

WATS 2020. Iata (Hg.): World Air Transport Statistics, Toronto 2020.

Welsh, Chris: A critically important lobbying group born from a difference in opinion, in: TIACA Times, Summer 2011, S. 10–12.